职业教育
改革创新
系列教材

F I N A N C E A N D T R A D E

U0647151

商品学

慕课版

徐桂珍 候庆辉
范玲玲
主编

杨娟 于妍 赵楠芝
副主编

人民邮电出版社
北　京

图书在版编目（CIP）数据

商品学：慕课版 / 徐桂珍，候庆辉，范玲玲主编
. -- 北京 ：人民邮电出版社，2023.4
职业教育改革创新系列教材
ISBN 978-7-115-61173-4

Ⅰ．①商… Ⅱ．①徐… ②候… ③范… Ⅲ．①商品学
－职业教育－教材 Ⅳ．①F76

中国国家版本馆CIP数据核字(2023)第027495号

内 容 提 要

本书基于 2022 年修订的职业教育专业简介,面向零售业的线上线下商品营业员等职业和商品销售
等岗位群,结合商品学基础理论与实训操作而编写。本书共分为 6 个项目 15 个任务,主要介绍了商品
与商品学、商品质量与标准、商品包装、商品检验、商品的储存与科学养护、新零售业态下的商品管
理等知识内容。通过学习,读者能够掌握商品定位、商品展示、商品储存等基本知识和基本技能,培
养市场营销、连锁经营与管理等相关岗位的基本业务能力。

本书不仅可以作为职业院校连锁经营与管理、市场营销、电子商务、网络营销与直播电商专业商
品学基础课程的教材,也可以作为从事商品管理相关工作人员的参考书。

◆ 主　　编　徐桂珍　候庆辉　范玲玲
　　副主编　杨　娟　于　妍　赵楠芝
　　责任编辑　白　雨
　　责任印制　王　郁　彭志环

◆ 人民邮电出版社出版发行　　北京市丰台区成寿寺路 11 号
　　邮编　100164　电子邮件　315@ptpress.com.cn
　　网址　https://www.ptpress.com.cn
　　三河市祥达印刷包装有限公司印刷

◆ 开本：787×1092　1/16
　　印张：11　　　　　　　　　　　2023 年 4 月第 1 版
　　字数：205 千字　　　　　　　　2023 年 4 月河北第 1 次印刷

定价：39.80 元

读者服务热线：(010)81055256　印装质量热线：(010)81055316
反盗版热线：(010)81055315
广告经营许可证：京东市监广登字 20170147 号

FOREWORD

////////////////////// 前 言 //////////////////////

党的二十大报告中指出，高质量发展是全面建设社会主义现代化国家的首要任务。报告中还指出，推动经济实现质的有效提升和量的合理增长。随着我国经济的快速发展，人们对商品的消费需求也发生了很大变化。商品学是随着商品经济和科学技术的发展而发展起来的，随着市场经济的进一步发展，商品学被称为与经济学、管理学并驾齐驱的企业经营三大支柱之一，对提高企业经营水平有着极为重要的意义。

本书从商品管理岗位对商品知识和技能的相关需求出发，基于工作过程涉及的相关内容确定知识体系，旨在提升读者进行商品质量管理、商品包装、商品检验、商品储存与科学养护的能力。本书在内容设计上以活动和案例为主线，将学习、探究、拓展有机结合，系统介绍了6个项目，每个项目又分成若干个任务和活动。

本书具有以下特点。

• **结构完整**。本书涵盖了商品学的基本概念、基本知识和基本理论，包括商品与商品学、商品质量与标准、商品包装、商品检验、商品的储存与科学养护、新零售业态下的商品管理。

• **时效强、内容新**。本书依据教育部新编制的专业标准，注重"中高职专业一体化"衔接，在吸收国外先进理论与方法的基础上，融入编者在企业一线调研时搜集整理的大量素材，满足日新月异的专业发展需求。

• **体例新颖**。本书按照工作过程导向的思路编写，采用项目引导、任务驱动体例，以活动为载体，以培养职业能力为目标，以工作任务分析为基础，以职场情境为驱动，将必备知识与拓展知识、理论知识与实践知识有机结合，体现理实一体化教学原则，使教与学更符合企业工作岗位对人才的素质需求。

• **情境带入，生动有趣**。本书设置人物角色"李凌"，通过李凌的各种经历，生动地引出了各个学习重点。该角色贯穿商品管理的各个环节，让读者在学习相关知识的同时感同身受，提高学习效率、巩固学习效果。

• **多样化学习资源**。本书提供了丰富的教学资源，包括课件PPT、教学大纲、教案等，读者可以登录人邮教育社区（www.ryjiaoyu.com）下载并获取相关教学资源。同时，本书配套慕课视频，读者扫描下方二维码登录人邮学院（www.rymooc.com）即可免费观看视频。

扫一扫

人邮学院

本书建议学时为36学时，具体分配如下。

项目	任务	学时
项目一　商品与商品学	任务一　走近商品	1
	任务二　认识商品学	1
项目二　商品质量与标准	任务一　走近商品质量	1
	任务二　商品质量评价	2
	任务三　商品标准	2
项目三　商品包装	任务一　走近商品包装	1
	任务二　商品运输包装	2
	任务三　商品销售包装	2
项目四　商品检验	任务一　走近商品检验	2
	任务二　商品检验方法	2
项目五 商品的储存与科学养护	任务一　商品质量变化	2
	任务二　商品养护	2
	任务三　商品储存	2
项目六 新零售业态下的商品管理	任务一　商品销售	4
	任务二　品类管理	4
机动课时		6
合计		36

本书由北京市求实职业学校徐桂珍、候庆辉、范玲玲担任主编，杨娟、于妍、赵楠芝担任副主编，吴莹、贺潇仪、吴春霞参与本书编写工作。

由于编者水平有限，书中难免存在疏漏和不足之处，敬请广大读者批评指正。

编　者

2023年3月

CONTENTS

目 录

项目一
商品与商品学

职场情境

李凌对商贸经营很感兴趣，暑假过后他就要进入中等职业学校连锁经营与管理专业学习。今天，他来到亲戚家的农场放松一下，发现了一片西红柿地，里面的西红柿看着非常诱人，征得同意后他摘了一个品尝，嘴里还说道："让我试试这个商品的味道。"一会他看到工人们正在将摘下来的西红柿装袋，打算用快递发给客户，又说道："这些商品看着就好吃，一定可以卖个好价钱。"这时候，同他一起参观的张经理告诉他："你刚才说的两句话里关于商品的说法有的对，有的不对；而且好吃的西红柿也不一定能够卖出好的价格，你需要好好学习商品学这门课程。"李凌不太理解，都是同一片地里产出的西红柿，怎么有的是商品，有的就不是呢？看着好的商品怎么就不能卖出满意的价格？商品学又是研究什么的呢？

学习目标

知识目标

- 说出商品必须满足的基本条件。
- 说出商品的基本属性。
- 说出商品学的研究对象。
- 知道商品学的产生与发展。

能力目标

- 能够区分出商品与一般物品。
- 能够明确商品的使用价值和价值之间的关系。
- 通过实训任务，培养小组合作能力。

素质目标

- 通过对商品使用价值与价值的认知，意识到劳动的伟大。
- 通过了解《茶经》，增强民族自豪感和文化自信。

思维导图

```
                          ┌── 什么是商品
               ┌ 走近商品 ─┤
               │          │                        ┌── 商品的使用价值
               │          └── 商品的基本属性 ───────┤── 商品的价值
商品与商品学 ──┤                                    └── 商品使用价值与价值的关系
               │
               │          ┌── 什么是商品学
               └ 认识商品学┤
                          └── 商品学的产生与发展
```

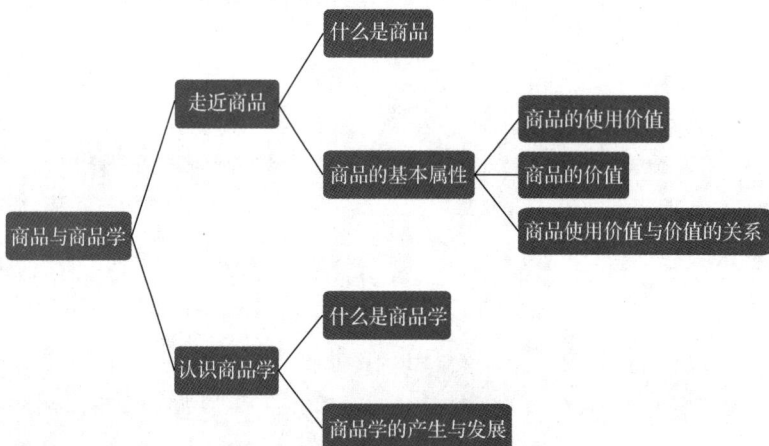

任务一　走近商品

任务描述

　　李凌作为连锁经营与管理专业的新生，对商品的相关知识还不太清楚，他简单地以为所有物品都是商品，只是说法不同。但是经过张经理的提醒，他重新思考这个问题。带着疑问，他打开手机，进行查询，以明确商品的相关知识，为进入专业学习打下基础。

活动一　什么是商品

商品就是用于交换的劳动产品。

成为商品必须满足两个条件：一是用于交换的，为了一定目的需要进行交换的，而不是供生产经营者自身进行消费的；二是劳动的产物，即劳动产品。劳动产品是指通过人类劳动生产的能够满足人们某种需求的产品，包括有形的物质和无形的服务。生产者在各自的范畴领域进行生产活动，产出的物品属于劳动产品。图1-1所示为超市中的商品，图1-2所示为市场上的商品。

图1-1　超市中的商品　　　　图1-2　市场上的商品

学以致用

大自然中的空气、超市货架上等待出售的物品、天然存在的山泉水、裁缝给自己缝制的衣服、库房中已变质且无任何使用价值的布匹，这些物品中哪些是商品？

活动二　商品的基本属性

商品的基本属性是指商品的使用价值和价值。

一、商品的使用价值

商品的使用价值是指商品能够满足人们的某种需求，即商品具备有用性，这是商品的自然属性，表现为商品与自然之间的关系，由商品本身的性质决定。例如，饮用水可以解渴，面包可以消除饥饿，衣服可以保暖，书本可以用来学习知识等。消费者可以从商品上获得某种需求的满足，这也称为商品的使用价值。

二、商品的价值

商品价值是指凝结在商品中的无差别的一般人类劳动。这是商品的社会属性，反映的是在商品生产者之间的关系。生产经营者为了实现商品的价值，需要向使用者让渡商品的使用价值，即将商品销售出去。

商品的价值只有在交换时才可以体现，价值的具体体现称为价格。价格一般围绕着价值上下波动，在外界交换环境发生变化时，价格也会背离价值，例如某商品供不应求时，凝结在商品中的无差别的一般人类劳动没有变化，但是价格在上涨。

三、商品使用价值与价值的关系

商品的使用价值与价值是相互依存、互为条件的。使用价值是价值的基础，没有使用价值的产品，即使凝结了大量无差别的一般人类劳动，也不会有人购买，无法实现交换，价值也就无法体现。具体劳动和自然物质共同构成使用价值的源泉，生产商品的无差别的人类劳动的多样性决定了商品使用价值的多样性。

经验之谈

随着商品经济的日益繁荣，消费者对商品的需求已经不局限于商品最基本的自然属性，而是扩大到包括服务、包装、样式等附加领域。所以，商品经营者要善于抓住消费者的核心需求，塑造商品的整体概念，最大限度地满足消费者的需求，以保持和提升自身的市场竞争力。

商品的使用价值与价值是相互独立、互相矛盾的。这里的独立和矛盾指的是任何人不可能同时拥有商品的使用价值和价值，具体表现如下：商品生产者为了实现商品的价值，必须通过交换让渡出商品的使用价值；消费者为了获得商品的使用价值，也必须进行交换，以一定的价格进行购买。

如春在花

劳动是人和动物的根本区别，是家庭富裕、民族复兴的可靠保障。中华民族是一个具备勤劳优点的民族，勤劳的人们借助生产资料，依靠自身的劳动创造了当今的美好生活。

任务二 认识商品学

任务描述

弄清楚什么是商品及商品的基本属性后，李凌迫不及待地等着开学，终于可以学习商品学课程了。这门课程研究的到底是什么，学习这门课程后是不是就可以解决有关商品的所有问题了呢？

活动一 什么是商品学

商品学就是以商品的使用价值为研究对象的一门学科，主要研究商品本身的物质基础、商品结构、商品包装、商品检验与商品养护等内容。

在日常的商品经营过程中，商品经营者需要解决的商品问题很多，最为重要的问题是商品数量、商品种类及商品质量。商品学可以帮助商品经营者解决商品质量问题。由于商品质量问题涉及的领域较多，所以商品学的研究范围也比较广，既包括物理、生物、化学等多门自然科学方面的知识，又包括管理学、营销学等社会学科方面的知识。

> **学以致用**
>
> 说一说商品学可以帮助商品经营者解决什么问题？

活动二 商品学的产生与发展

商品学最早产生于德国。18 世纪初，德国工业迅速发展，带来了贸易的繁荣，为了胜任商品贸易的工作，从事贸易的商人需要具备较为系统的商品学知识。18 世纪后期，德国的大学和商业院校开始讲授商品学课程。德国著名学者约翰·贝克曼教授于 1793—1800 年编著了《商品学导论》，建立了商品学的学科体系，明确了商品学的研究内容。19 世纪以来，商品学相继传入欧洲其他国家和亚洲的部分国家和地区。目前，欧洲、亚洲及美洲都开展了有关商品学的研究和教学。图 1-3 所示为商品学的出现与发展过程。

工业迅速发展，贸易扩大 ➡ 商品知识学习需求旺盛 ➡ 18世纪后期德国出现商品学课程 ➡ 19世纪世界其他国家开展商品学研究和教学

图1-3 商品学的出现与发展过程

我国的商业历史十分悠久，对商品知识的研究也有很长的历史，春秋时期

的《禽经》、晋朝时期的《竹谱》都是我国较早的关于商品知识的书籍。唐朝陆羽的《茶经》是世界上最早的一部茶叶品学专著，被认为是最早的有关商品学的雏形。当时茶叶消费广泛，茶叶贸易发展迅速，随之而来的是人们对茶叶栽培、加工和饮用方面知识学习的需求。《茶经》中系统地总结了当时的茶叶采制和饮用经验，全面论述了有关茶叶起源、生产、饮用等各方面的问题，传播了茶业科学知识。宋朝以后，商品学的相关著作开始增多，例如蔡襄的《荔枝谱》、韩彦直的《橘录》、李时珍的《本草纲目》，其中《本草纲目》是世界上最早的医药类商品专著。20世纪以后，我国除了出现以"商品学"为命名的译著，还出现了以"商品学"命名的著作，其中不仅包括农业、工业等领域的商品知识，还包括对商品学本身的解释。1949年以后，商品经济有了进一步发展，我国在从国外引进商品学的基础上，结合我国商品经济的特点，形成了自然科学和技术学派的商品学体系。

由此可见，无论在国外还是国内，商品学作为一门学科，都是伴随着商业的发展、商人及消费者对商品学知识的需求而产生和发展的。

📖 经验之谈

目前，国际商品学大致可分为三大流派，如图1-4所示。

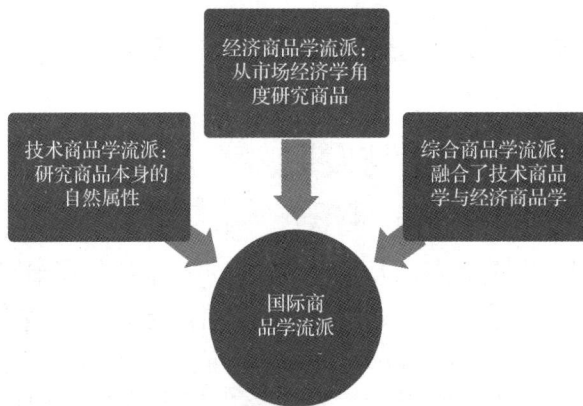

图1-4　国际商品学的三大流派

✐ 如春在花

对于商品学的研究，我国春秋时期就已经出现有关书籍。随着社会商品经济的繁荣和社会的进步，唐宋时期较多领域都出现了对商品学的研究。中华文明源远流长，无论在社会科学方面还是自然科学方面都有自己独特的成就。

答疑解惑

针对"职场情境"中李凌提出的问题，解答如下。

判断物品是否为商品，可根据商品必须满足的基本条件进行判别，分析物品是否有价值并用于交换，以及是否为劳动产品。按照这个思路，李凌分析了前面提到的两个西红柿案例：品尝的西红柿虽然是劳动产品，但并未用于交换，因此不是商品；销售的西红柿在市场进行交换，满足商品的基本条件，属于商品。

质量好的商品指的是具备较好的使用价值，能够较好地满足人们需求的商品。一般情况下，商品的价值与价格相一致，价格围绕价值变化，但是如果市场交换环境发生变化（如供大于求），可能会出现好的商品不一定能卖到好的价格的情况。

商品学课程主要研究商品本身的物质基础、商品结构、商品包装、商品检验与商品养护等内容。

项目实训

任务背景

李凌所在的中等职业学校有一家校园便利店，该便利店是连锁经营与管理专业的校内实训基地。为了锻炼学生的商品管理能力，教师决定将门店的商品管理任务交给连锁经营与管理专业的学生负责。

任务要求

以小组讨论的形式，上网查找资料，请教相关工作人员，了解在商品管理的过程中需要解决哪些问题，填写表1-1。

表1-1 便利店商品管理过程中需要解决的问题

商品管理的主要环节	需要解决的问题
订货	
收货	
储存	
盘点	
退换货	

💬 任务评价

评价项目		得分
教师评价	能够较完整地罗列出各环节待解决的问题（40分）	
	能够有效地借助现有的渠道条件完成实训任务（20分）	
学生互评	对小组成果的贡献度（40分）	
合计		

温故知新

一、单选题

1. 商品是指用于（　　）的劳动产品。
   A. 交换　　　　　B. 生产　　　　　C. 消费　　　　　D. 消耗

2. 以下属于商品的是（　　）。
   A. 大自然中的空气　　　　　　　B. 天然存在的山泉水
   C. 蛋糕店里的蛋糕　　　　　　　D. 太阳光

3. 商品价值指的是（　　）。
   A. 商品能够满足人们的需求
   B. 商品的价格
   C. 商品的生产成本
   D. 凝结在商品中的无差别的一般人类劳动

4. 商品学就是以商品的（　　）为研究对象的一门学科。
   A. 成本　　　　　B. 价格　　　　　C. 价值　　　　　D. 使用价值

5. 唐朝陆羽的（　　）被认为是最早的有关商品学的雏形。
   A.《本草纲目》　B.《茶经》　　　C.《荔枝谱》　　D.《竹谱》

二、多选题

1. 商品必须具备以下（　　）两个条件。
   A. 用于交换　　　B. 天然物品　　　C. 劳动产品　　　D. 性质

2. 商品的基本属性指的是商品的（　　）。
   A. 价格　　　　　B. 价值　　　　　C. 组成　　　　　D. 使用价值

3. 商品的使用价值是（　　）。
   A. 商品的自然属性
   B. 商品的有用性
   C. 商品能够满足人们的某种需求

D. 表现为商品与自然之间的关系

4. 以下关于商品使用价值与价值之间的关系表述正确的是（　　）。

A. 商品的使用价值与价值是相互依存、互为条件的

B. 使用价值是价值的基础

C. 商品的使用价值与价值是相互独立、互相矛盾的

D. 人们可以同时拥有商品的使用价值与价值

三、判断题

1. 劳动产品是指通过人类劳动生产的能够满足人们某种需求的产品，包括有形的物质和无形的服务。生产者在各自的范畴领域进行生产活动，产出的物品属于劳动产品。（　　）

2. 消费者可以从商品上获得某种需求的满足，这也称为商品的价值。（　　）

3. 生产经营者为了实现商品的价值，需要向使用者让渡商品的使用价值，即将商品销售出去。（　　）

4. 价值是使用价值的基础。（　　）

5. 商品学就是以商品的价值为研究对象的一门学科，主要研究商品本身的物质基础、商品结构、商品包装、商品检验与商品养护等内容。（　　）

6.《本草纲目》是世界上最早的医药类商品专著。（　　）

四、简答题

1. 说说商品的价值与使用价值之间的关系。

2. 在日常商品经营过程中，商品经营者需要解决的商品问题有哪些？学习商品学课程可以帮助商品经营者解决什么问题？

项目二

商品质量与标准

职场情境

　　李凌参加学校组织的校企合作项目。他被分配到选品小组，合作单位是一家生产儿童玩具的公司，各式各样的儿童玩具让人目不暇接。李凌拿起一件颜色非常鲜艳的黄色塑料鸭子玩具，说道："这玩具真好看，小孩应该都喜欢，看起来质量也不错。"公司的工作人员却告诉他，颜色鲜艳、造型好看的玩具可能很受小朋友喜爱，但不代表质量好，商品质量关系到每一个消费者的利益，是有严格的定义、分类和标准的。李凌很好奇：塑料玩具那么多，如何判断商品质量？商品质量又该如何评价？

学习目标

知识目标
- 说出商品质量的含义。
- 说出商品质量的基本要求。
- 说出商品质量的要素。
- 了解商品标准的基本类型。

能力目标
- 能够对生活中的常用商品做质量列举描述。
- 能够运用商品标准鉴别某种商品。

素质目标
- 通过学习商品质量与标准的相关知识，增强独立思考和判断能力。
- 通过学习相关的商品标准，了解我国商品质量品质，增强民族自豪感。

思维导图

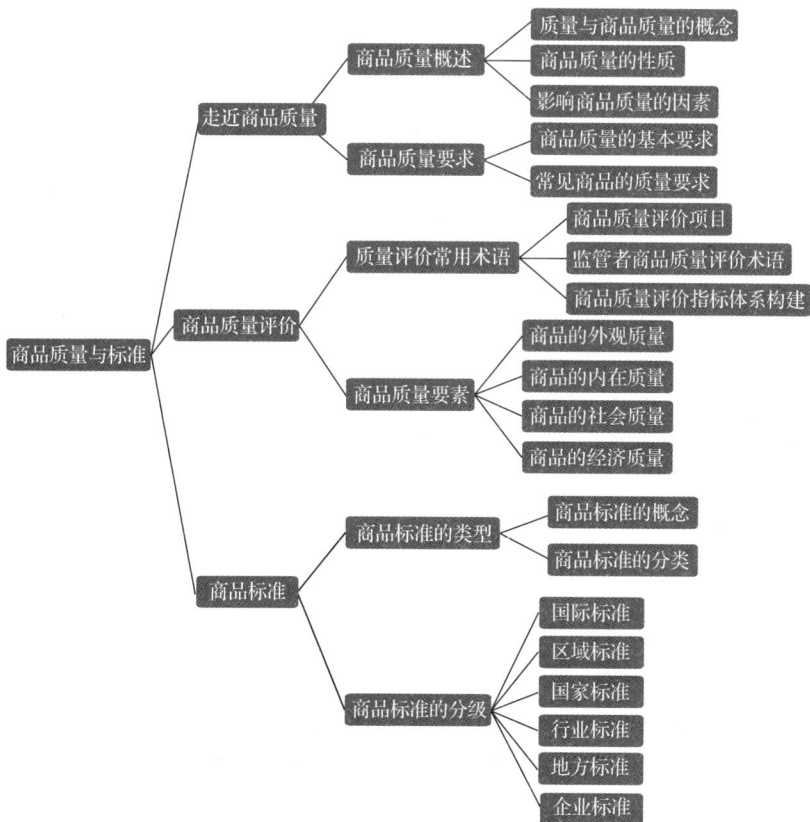

商品质量与标准

- 走近商品质量
  - 商品质量概述
    - 质量与商品质量的概念
    - 商品质量的性质
    - 影响商品质量的因素
  - 商品质量要求
    - 商品质量的基本要求
    - 常见商品的质量要求
- 商品质量评价
  - 质量评价常用术语
    - 商品质量评价项目
    - 监管者商品质量评价术语
    - 商品质量评价指标体系构建
  - 商品质量要素
    - 商品的外观质量
    - 商品的内在质量
    - 商品的社会质量
    - 商品的经济质量
- 商品标准
  - 商品标准的类型
    - 商品标准的概念
    - 商品标准的分类
  - 商品标准的分级
    - 国际标准
    - 区域标准
    - 国家标准
    - 行业标准
    - 地方标准
    - 企业标准

任务一　走近商品质量

任务描述

李凌想知道家里外甥的塑料玩具的质量是否合格，他特别想知道到底什么是商品质量，以及商品质量有哪些基本要求。

活动一　商品质量概述

商品质量是商品学研究的基础内容之一。下面将主要介绍质量与商品质量的概念、商品质量的性质，以及影响商品质量的因素等内容。

一、质量与商品质量的概念

质量与商品质量是一对既有联系又有区别的概念。

（一）质量的概念

我国国家标准《质量管理体系　基础和术语》（GB/T 19000—2016，等同于国际标准 ISO9001：2015）对质量的定义是：客体的一组固有特性满足要求的程度。

其中，"特性"指的是可区分的特征，包括物的特性（如物理性能等）、感官的特性（如气味和色彩等）、功能的特性（如飞机的最高速度、家用电器的安全稳定性等）。而"要求"指明示的、通常隐含的或必须履行的需求或期望。"明示的"可以理解为规定的要求，如在文件中阐明的要求或顾客明确提出要求。"通常隐含的"是指组织、顾客和其他相关方的惯例或一般做法，所考虑的需求或期望是不言而喻的，如化妆品对顾客皮肤的保护性等。"必须履行的"是指法律法规要求的或有强制性标准要求的。

（二）商品质量的概念

商品质量即商品品质，是指商品在一定条件下满足人们需要的各种属性，即在特定的条件下，评价商品使用价值优劣程度的各种自然属性和社会属性，包括外观质量和内在质量、商品满足明确需要和隐含需要能力的特性和特征总和。

商品质量的含义包括狭义和广义两种。狭义的商品质量指商品的自然质量，广义的商品质量指商品的市场质量。

1. 商品的自然质量

商品的自然质量通常称作产品质量、实用质量、技术质量、客观质量等，用来评价商品的使用价值及与其规定标准技术条件的符合程度。它是反映商品自然有用性和社会适应性的尺度。商品的自然质量可概括为商品的性能、寿命、外观、音响、气味、手感、安全性、艺术性、可靠性、经济性及售后服务等。它以国家标准、行业标准、地方标准或订购合同中的有关规定作为评价的最低技术依据。

2. 商品的市场质量

商品的市场质量通常称作商品的制造质量、商品的服务质量和消费者最满意的质量，是指在一定条件下，评价商品所具有的各种自然、经济、社会属性的综合，以确定其满足消费者使用需求的程度。它是一个动态的、发展的、变化的、相对的概念，消费者对市场质量的评价受时间、地点、使用条件、使用对象、用途和社会环境及市场竞争等因素的影响。

二、商品质量的性质

商品质量具有针对性、相对性和可变性。

（一）商品质量具有针对性

商品质量是针对一定的使用条件和一定的用途而言的。各种商品均需在一定的使用条件和范围内按设计要求或使用要求合理使用。若超出商品的使用条件，即使是优质品也很难反映出它的实际功能，甚至会使商品完全丧失其使用价值。

> 📖 **学以致用**
> 请举例说明你对商品质量针对性的理解。

（二）商品质量具有相对性

商品质量相对于同类商品（使用目的相同）的不同个体而言，是一个比较的范畴。对于一般商品，人们可以通过简单的比较和识别来观察其质量，而某些商品则要按照严格的质量指标规定生产。

（三）商品质量具有可变性

商品的特性会随着科技进步而发展，同时，随着消费水平的提高和社会因素的变化，人们对商品质量也会不断提出新的要求。即使是在同一时期，因地点、地域、消费对象不同，人们对商品的质量要求也不一样；消费者职业、年龄、性别、经济条件、宗教信仰、文化修养、心理爱好等不同，对商品的质量要求也不同。

三、影响商品质量的因素

从全面质量管理的角度出发，商品质量不是检验出来的，而是设计、生产制造出来的。讨论与研究商品质量就必须从商品质量的产生过程入手，对商品质量在形成和实现的整个过程中所涉及的诸多因素逐一进行剖析。商品质量的高低是由商品生产、流通、消费全过程中许多因素共同决定的。

（一）商品设计与商品质量

商品设计质量表示商品在各种使用条件与其他同类商品相比较时相对优劣的程度。商品设计质量不好，将会给商品质量留下许多后遗症。若设计上出了差错，即使制造工艺再好，生产操作再精细也将毫无意义。因此，对于生产部门来说，提高设计质量是保证商品质量的前提条件。为此，企业应控制以下两个环节。

1. 加强设计工作的质量管理。为保证设计质量符合消费者的需要，企业就需要在整个设计过程中加强对设计工作的质量管理。在企业内部，在设计工作开始之前，企业应加强对市场的调查和研究，并组织有关人员对设计方案的可行性、合理性和科学性等问题进行分析。设计方案不仅要考虑安全、环保及其他法规要求，还应考虑商品的适用性、可靠性、可维修性、耐用性、防误用措施等。在设计工作进行的整个阶段，企业应注意对设计的样品进行鉴定和确认，还应加强对设计工作的评审，即对设计进行正式、全面、系统的检查，以保证最终设计满足消费者的需要。

2. 采用先进的科学技术。提高设计质量，企业应注意提高设计过程中的标准化水平，采用国际标准和国外先进标准，以先进的科学技术为指导。设计人员在进行设计之前，必须根据市场调查获得的信息、商情与商品科技情报进行科学的整理，采用先进的科学技术，借鉴国内外同类先进商品的长处，设计出适合我国资源条件、自然环境和消费习惯与水平的新商品。在设计时，设计人员不仅要考虑商品结构的合理性，还应注意生产加工过程中的方便性。例如园艺商品的生产，该商品生产基地的建设、品种的选择、生产方式和生产技术等的设计都直接或间接影响园艺商品的质量，同时由于园艺商品生产的周期一般都较长，所以在设计时要高起点，有超前意识。

（二）质量形成过程与商品质量

质量形成过程中，影响商品质量的因素包括原材料、生产制造和商品验证。

1. 原材料。原材料是商品的物质基础，是决定商品质量形成的关键性因素。商品质量的好坏在很大程度上取决于所用原材料质量的好坏。原材料的质量与其成分、结构、性质及其所制造的商品的适用性有直接关系。

2. 生产制造。商品设计能不能转变为商品，在很大程度上取决于生产制造。制造过程由生产工艺、生产过程、技术装备、工作环境及操作人员等方面组成，如果其中某一环节达不到设计质量要求，那么此产品即为不合格品。生产制造因素主要包括生产工艺、生产过程、技术装备3个方面。生产工艺是商品质量形成过程的重要环节。它的职能是根据产品设计要求，对制造过程进行质量控制，如确定工艺路线、编制工艺文件和检验文件、设计制造工艺装备、验证工序能力、编制材料消耗定额和工时定额等。生产过程是指从原材料进厂到成品的整个制造过程。生产过程的质量是商品质量环节中的重要组成部分。其质量职能是根据设计和工艺技术文件的规定，对影响制造质量的诸因素进行控制，使它们处于正常受控状态，从而保证制造质量符合设计质量的要求。技术装备指的是为确保商品质量符合设计规范的要求，对生产部门的实际加工能力即技术装备情况是否符合产品规范进行验证。其验证的内容包括材料、设备、计算机系统和软件程序及人员配备。

3. 商品验证。商品验证是企业进行生产过程控制的一种手段，是保证商品质量符合要求的有力措施。它的质量职能是根据图纸、规范、工艺和其他技术文件规定，对原材料、外购件和加工工序的半成品、成品的质量进行严格检验，保证不合格的物资不入库，不合格的在制品不转序，不合格的零件不装配，不合格的成品不出厂。产品验证的基本工作包括外购材料和外购件管理、工序件检验、成品检验（即出厂检验）等。

（三）流通过程与商品质量

流通过程对商品质量的影响包括对商品包装、商品运输及商品储存等方面的影响。

1. 商品包装。对商品进行包装，是商品生产的最后一个环节，也是不可缺少的环节。商品包装不仅可以保护商品，还能美化商品，是构成商品质量的重要因素，直接影响到商品使用价值的实现。

2. 商品运输。商品运输是指通过各种方式使商品在空间位置上发生转移的过程。商品运输是商品流通过程中不可缺少的环节。运输对商品质量的影响通常受运输距离、运输时长、运输方式、运输工具、装卸方法等因素的制约。

3. 商品储存。商品储存是商业企业收储待销商品的一个过程。商品在储存期间的质量变化，与储存场所、储存时长、储存保管措施、养护技术，及商品存放的种类与数量等有密切联系。

👤 活动二　商品质量要求

商品种类繁多，性能各异，因此不同商品的质量要求也各不相同。

一、商品质量的基本要求

商品质量的基本要求是根据商品的用途、使用方法、使用目的，以及消费者和社会需求提出来的。商品质量的基本要求如表 2-1 所示。

表2-1　商品质量的基本要求

序号	商品质量的基本要求	含义
1	功能保证性	商品保证满足质量要求或完成规定功能和主要用途所必须具备的性能
2	质量指标可信性	各级各类标准所规定的质量特性必须达到的技术要求
3	性能稳定性	商品在使用过程中性能的不变动性
4	安全性	商品在储存、流通和使用过程中保证人体和周围环境不受伤害的性能
5	环保性	商品对周围环境的保护性能
6	经济性	商品的生产者、经营者、消费者都能用尽可能少的费用获得较高的商品质量，从而使企业获得最大的经济效益，使消费者的消费总和最低的性能
7	市场性	商品的市场质量适应市场消费需求的程度
8	质量信息服务性	生产经营者有责任和义务通过其商品或商品包装上的规定标识及包装内必备的有关文件，向消费者提供有用的质量信息

二、常见商品的质量要求

下面将分别介绍纺织品、食品、日用工业品、家用电器等 4 类商品的质量要求。

（一）纺织品的质量要求

纺织品是人们日常生活中不可缺少的生活资料，其功能也随着社会的发展日趋丰富，不仅要耐用舒适，还要考虑人们对于美和潮流的追求。纺织品质量要求主要包括以下几个方面。

1. 良好的服用性

服用性主要是要求纺织品在穿用过程中舒适、美观、大方。纺织品的服用性包括基本性能和舒适性能。其中，基本性能主要指物理机械性能（如其缩水率、刚挺性、垂性等）、化学性能（如 pH、甲醛含量等）、生态性能（如禁用偶氮染料、致敏性染料、重金属含量等）符合规定标准。舒适性能包括纺织品的热传递和热绝缘性能、透气性、透水性、刚柔性、悬垂性、起毛起球性能和阻燃性等，要求在穿用过程中，纺织品不应对人体皮肤有刺激作用，并要具有较好的透气性和吸水性，不起毛、起球，花型、色泽、线条图应大方或富有特色等。

2. 较强的耐用性

耐用性是评价绝大多数纺织品质量的重要依据，直接影响纺织品的使用期限。纺织品的耐用性即抵抗破坏或淘汰的能力。人们常利用各种强度指标来评定纺织品的耐穿耐用性能，最基本的是纺织品在拉伸、弯曲、摩擦等机械力作用下呈现的拉伸断裂强度、撕裂强度、顶裂强度、磨损强度等。

3. 较精的工艺性

纺织品应无各种外观疵点，如竹节纱、粗节、锈斑，以及织物染色时的色差、色斑、纬斜等。服装在规格尺寸、部位结构上符合穿着者的体型。服装在裁剪、缝纫、熨烫加工中，保证服装外观形态良好且无明显疵点。

4. 较高的艺术性

随着科学技术的高速发展，现代纺织科技已经从传统的满足穿衣的低级要求向生活享受的高级要求转化。纺织品的艺术性是为了满足一定的实用需要而进行生产创造的艺术。纺织品的经济价值和艺术价值构成一个完整的价值体系，适用于各种类型的纺织品。其中经济价值是产生艺术价值的前提，而艺术价值又提升了纺织品的经济价值。所以，认识纺织品的艺术性一定要结合纺织品的经济价值和艺术价值的主体特征，即表面的美学特征（造型美、装饰美和色彩美），以及深层次的美学特征（材质美和技术美）。

（二）食品的质量要求

食品是维持人体生命的物质，是人生长发育、保证健康不可缺少的最重要的生活资料。食品的质量要求主要包括营养价值、色香味形和卫生性3个方面，具体如表2-2所示。

表2-2　食品的质量要求

质量要求	内容
营养价值	营养价值是一切食品的基本特征。其功能是提供人体维持生命活动的能源，保证健康调节代谢及延续生命。营养价值是决定食品质量的重要依据，是评定食品质量的关键指标
色香味形	色香味形一方面反映食品的新鲜度、成熟度、加工精度、品种风味及变质情况，另一方面影响人们对食品营养成分的消化和吸收
卫生性	卫生性指食品中不应含有或超过允许限量添加物质和微生物。食品卫生关系到人们健康与生命安全

你知道牛奶质量有哪些基本要求吗？

（三）日用工业品的质量要求

日用工业品范围很广，如按原材料区分，有玻璃制品、搪瓷器皿、铝制品、皮革制品；如按用途区分，有胶鞋、纸张、洗涤剂、化妆品、钟表、家具、电器服装等。日用工业品的质量要求包括适用性、耐用性、卫生和安全性、美观性与结构合理性等方面，具体如表2-3所示。

表2-3　日用工业品的质量要求

质量要求	内容	举例
适用性	适用性指日用工业品满足主要用途必须具备的性能。不同商品的适用性各不相同	保温杯必须保温，化学仪器要求耐酸、耐碱
耐用性	耐用性指日用工业品抵抗各种外界因素对其破坏的能力，反映坚固耐用程度和一定的使用期限、次数	皮革、橡胶制品常用强度和耐磨耗性
卫生和安全性	卫生和安全性指日用工业品在使用时不能影响人体健康和人身安全的质量特性	盛放食物的器皿无毒无害等
美观性	美观性指日用工业品的外观特征，一方面是外观的疵点要求，另一方面是表面装饰、色彩和图案等	服装的装饰性
结构合理性	结构合理性指日用工业品的形状、大小、部件的装配要合理	鞋子的尺码标准

（四）家用电器的质量要求

家用电器主要是指在家庭及类似场所中使用的各种电器和电子器具，又称民用电器、日用电器，包括家用冰箱、空调器、洗衣机、干衣机、电熨斗、吸尘器、地板打蜡机、微波炉、电磁灶、电烤箱、电饭锅、洗碗机、电热水器、食物加工机等。家用电器的质量要求如表2-4所示。

表2-4　家用电器的质量要求

质量要求	内容	举例
性能	家用电器商品必须具有满足其用途的主要功能	电冰箱必须具有满足冷冻和冷藏食品的功能

续表

质量要求	内容	举例
耐用性	家用电器商品大都属于耐用消费品，一般都有使用年限的规定	电视机、电冰箱的使用年限一般8~10年
安全性	世界各国以及各相关国际组织对家用电器用电安全性和家用电器的电磁兼容等均有严格规定	对家用电器保护接地电阻值的规定等
节能	电器按能耗分为A、B、C、D、E5个等级，A级表示最高节能水平，B级表示一般节能水平，C级表示普通节能水平，D级、E级则属于国家将要强制性淘汰商品的节能水平	节能型电冰箱、空调器、电视机

📖 **案例链接**

海南某餐饮连锁公司的食品安全创新管理

食品、餐饮业存在众多安全痛点，如风险隐蔽性、潜在危害不确定性、风险评估复杂性、强地域流通性等。作为拥有超百家直营门店的海南某餐饮连锁公司，食品安全是公司长期存在的痛点。为杜绝食品安全问题，公司以自由贸易港建设为时代契机，依托海南是全国人民冬季"菜篮子"的优势，按照蔬菜收购、分级挑选、去除农残、择菜去皮、消毒清洗、脱水切配、灭菌包装、冷藏等程序建造一个集净菜加工、配送于一体的供应链中心。经过一年的筹备，"优到供应链"在2019年正式投入运营，填补海南"净菜"供应的市场空白，助力海南自由贸易港建设。

来源：《2022CCFA（中国连锁经营协会）连锁餐饮创新案例集》

✏️ **如春在花**

《礼记》曾有记载："物勒工名，以考其诚。"近年来，我国把质量工作放在更加突出的位置。2012年2月，国务院印发《质量发展纲要（2011—2020年）》，首次提出建设质量强国。数据显示，截至2021年9月，我国建立了以《中华人民共和国产品质量法》《中华人民共和国标准化法》等27部法律法规、138部行政规章为主干的法规体系。经过多年的实践，我国质量工作已经逐步建立起系统完备、开放透明、协同有效的制度体系、法规体系和责任体系，在推动质量变革创新方面走出了中国特色质量发展之路，为经济社会加快迈向高质量发展提供了有力的支撑。

任务二　商品质量评价

任务描述

了解了商品质量相关的基本概念和要求后，李凌想对不同品牌的儿童塑料玩具质量进行排序，这时他就遇到了难题：如何评价商品质量？常用的质量评价术语有哪些？商品质量评价的要素有哪些？用哪些指标来评价儿童塑料玩具的商品质量更合理呢？

活动一　质量评价常用术语

质量评价是提高商品质量的基础。下面将主要介绍商品质量评价项目、监管者商品质量评价术语和商品质量评价指标体系构建的相关知识。

一、商品质量评价项目

打开电商购物平台，点击在商品页面可以打开评价页面，如图2-1、图2-2所示。消费者对于食品类的商品评价一般包括味道、新鲜度、营养健康等多个方面；对于服装类的商品评价一般包括合身度、美丽程度、面料、是否有异味等多个方面。商品质量评价的具体指标会因商品种类不同而不同。

图2-1　电商平台消费者食品评价

图2-2　电商平台消费者服装评价

对于商品质量评价，我国学者进行了不少研究，研究内容大体上可分为两类：一类是商品质量评价指标的选择，包括从商品质量的效用性、经济性、社会性等方面评价商品质量，从商品的耐用程度、价格、颜色式样、使用方便程度、商标和包装等方面评价商品质量等；另一类是商品质量评价的方法，包括极差法、模糊数学法等。

总的来说，一般消费者和学者常用的商品质量评价项目如表2-5所示。

表2-5　商品质量评价项目

序号	商品质量评价项目	含义
1	可用性	商品在规定的条件下完成规定功能的能力
2	可靠性	商品在规定的条件下和规定的时间内，完成规定功能的能力
3	安全性	商品在制造、储存和使用过程中，保证人身与环境免遭伤害的程度
4	维修性	在规定的条件下使用的商品，在规定的时间内按规定的程序和方法进行维修时，保持或者恢复到能完成规定功能的能力
5	使用寿命	商品在规定的使用条件下完成规定功能的总工作时间
6	储存寿命	在规定的储存条件下，商品从开始储存到规定失效的时间
7	合格	商品满足规定要求
8	不合格	商品不满足规定要求
9	缺陷	商品不满足预期的使用要求
10	故障	商品不能在预定的性能范围内工作
11	失效	商品丧失规定的功能

二、监管者商品质量评价术语

商品质量评价根据评价对象的不同，可以分为消费者商品质量评价和监管者商品质量评价。消费者商品质量评价具有分散性和随机性的特点，不存在专用术语。而监管者商品质量评价主要用于对商品质量进行监督，以保证消费者能够买到合格的商品。监管者商品质量评价术语种类繁多，主要介绍以下两种。

（一）常用的认证认可类术语

在质量评价中常用的认证认可类术语包括认证机构、地方认证监督管理部门、绿色食品、无公害农产品、食品安全管理体系认证、绿色市场认证等。

1. 认证机构。认证机构是指经国务院认证认可监督管理部门批准，并依法取得法人资格，可从事批准范围内的认证活动的机构。

2. 地方认证监督管理部门。地方认证监督管理部门是指国务院认证认可监督管理部门授权的省、自治区、直辖市人民政府质量技术监督部门和国务院质量监督检验检疫部门设在地方的出入境检验检疫机构。

3. 绿色食品。绿色食品是指在无污染的条件下种植、养殖，施有机肥料，不用高毒性、高残留农药，在标准环境、生产技术、卫生标准下加工生产，经认证机构认证并使用绿色食品标识的食品。绿色食品认证依据的是国家行业标准。

4. 无公害农产品。无公害农产品是指产地环境、生产过程和产品质量符合国家有关标准和规范的要求，经认证合格获得认证证书并允许使用无公害农产品标志的未经加工或者初加工的食用农产品。

5. 食品安全管理体系认证。食品安全管理体系认证是指食品安全管理体系将 HACCP 原理应用于整个体系，还融合了质量管理体系的相关要求，更全面地对食品安全管理操作、保障、评价进行指导。认证机构按照《食品安全管理体系认证实施规则》，依据《食品安全管理体系 食品链中各类组织的要求》GB/T 22000—2006 和各专项技术要求对食品生产企业开展的合格评定活动，称为食品安全管理体系认证（简称 FSMS 认证）。

6. 绿色市场认证。绿色市场认证是指对批发和零售市场环境、设备（保鲜陈列、检测、加工）进货质量要求和管理及商品保存、保鲜、包装、卫生管理、现场食品加工、市场信用等服务设施、程序的评价和认证。

（二）与合格评定有关的名词术语

与合格评定有关的名词术语包括评价、审核、认证决定、初评和复评等。

1. 评价。按照认证规则要求对认证产品的检测 / 检查及对生产厂的质量保证能力的审查和产品一致性的检查。

2. 审核。认证决定前，对产品认证申请、评价活动各环节以及认证证书的暂停、注销、撤销、恢复所提供的资料的完整性、真实性、符合性的确认。

3. 认证决定。对认证活动有效性进行判定，并做出能否获得认证以及证书的批准、保持、暂停、注销、撤销、恢复的最终决定。

4. 初评。初评是认证决定的组成部分，是对产品认证评价活动最终阶段所提供资料的完整性、符合性、有效性的确认。

5. 复评。作为认证决定的组成部分，复评是对认证活动有效性的判定，并做出是否获得证书以及证书的批准、保持、暂停、注销、撤销、恢复的最终决定。

三、商品质量评价指标体系构建

商品质量评价指标体系的构建一般遵循以下 3 个原则。一是目的性原则。设立商品质量评价体系的目的在于改变过去单一评价商品质量的方法，真实、准确地综合反映现代商品的质量状况。二是系统性原则。影响人们对商品质量评价的因素非常多，因此，在对商品质量进行评价时不能只考虑某一因素，必须采取系统、全面的评价原则，综合、客观地做出对商品质量的评价。三是适当性原则。由于人们对商品质量评价的指标非常多，所以指标的选取范围既要尽量全面，又不能无限扩大，只能选取有代表性的指标进行评价，使评价工作具有可操作性。

商品质量评价指标体系包括以下 6 个方面的指标。一是基本属性指标，是指企业在生产商品时，完全按照市场的动态变化以及消费者的真实需求设计的商品的基本性能；二是环境属性指标，主要包括商品质量的水环境指标、固体废物指标、大气环境指标、噪声指标等；三是资源属性指标，包括商品质量的材料资源、人力资源、设备资源和信息资源等；四是能源属性指标，包括商品生产、使用所需能源、商品生命周期内能源结构等，是衡量企业是否是绿色生产的一大指标；五是经济性指标，包括整个商品生命周期内的所有特性，如商量质量的生产成本、社会成本等；六是社会属性指标，即商品质量评价指标要适应社会的发展，与社会文化、社会道德、社会进步等同步发展。

以航空工业为例。目前，航空产品制造领域尚缺乏一套权威、完整的质量评价指标。因而，建立适应我国航空产品特点的质量评价指标体系，对于客观评价航空产品质量状态、掌握质量发展中的薄弱环节、针对性地提出质量改进措施、提高航空产品管理水平具有重要意义。

郝建春、耿金凤等人在《航空产品质量评价指标体系构建》一文中以航空产品研制、生产和使用全过程为主线，遵循科学性与实用性原则、继承与创新原则、动态性和区分度原则、定量化原则，建立了组织维度的质量评价指标体系。该指标体系由 1 个一级指标、2 个二级指标、6 个三级指标、17 个观测变量构成。一级指标为综合质量，包含质量水平和质量能力 2 个二级指标；质量水平由研制质量、批产质量和使用质量 3 个三级指标构成；质量能力由技术质量与工业基础、质量管控和质量基础 3 个三级指标构成。研制质量的观测变量包括试飞不安全事件发生数、机载设备鉴定试验一次通过率、研制过程严重质量问题数；批产质量的观测变量包括平均单机接装故障数、机载设备合格率、专业化厂合格率、单机让步使用超差单数、批产过程严重质量问题数；使用质量的观测变量包括万飞行小时严重质量问题数、质量问题归零率。技术质量与工业基础包括研制试验一次成功率、元器件筛选合格率、软件千行代码缺陷率；质量管控包括设计更改率、综合过程能力指数；质量基础包括质量管理体系评价得分率、质量损失率。航空产品质量评价指标体系如表 2-6 所示。

表2-6　航空产品质量评价指标体系

一级指标	二级指标	三级指标	观测变量
综合质量	质量水平	研制质量	试飞不安全事件发生数
			机载设备鉴定试验一次通过率
			研制过程严重质量问题数
		批产质量	平均单机接装故障数
			机载设备合格率
			专业化厂合格率
			单机让步使用超差单数
			批产过程严重质量问题数
		使用质量	万飞行小时严重质量问题数
			质量问题归零率
	质量能力	技术质量与工业基础	研制试验一次成功率
			元器件筛选合格率
			软件千行代码缺陷率
		质量管控	设计更改率
			综合过程能力指数
		质量基础	质量管理体系评价得分率
			质量损失率

活动二　商品质量要素

随着科技的进步和商品经济的发展，市场逐渐由卖方市场转变为买方市场，供不应求转化为供大于求，市场竞争日趋激烈。人们不再仅仅满足于基本物质需求，开始追求更高层次的文化精神需求的满足，追求与人们根本利益相一致的社会和经济需求的满足，因而现代商品质量观已从仅考虑商品的内在质量，发展到越来越注重商品的外观质量、社会质量、经济质量的综合质量观。因此商品质量包括外观质量、内在质量、社会质量、经济质量等 4 个要素。

一、商品的外观质量

商品的外观质量主要是指商品的外表形态，如商品的艺术造型、形态结构、花色图案、款式规格，以及气味、滋味、光泽、声响、包装等。

二、商品的内在质量

商品的内在质量是指商品在生产过程中形成的商品体本身固有的特性，如化学性质、物理性质、机械性质、光学性质、热学性质及生物学性质等。

三、商品的社会质量

商品的社会质量是指商品满足全社会利益需要的程度。商品的社会质量综合地反映了商品的使用价值对社会需求的满足程度和对自然环境的适应情况，如是否违反社会道德，是否对环境造成污染，是否浪费有限的能源和资源等。商品的社会质量是由消费者，以及社会各层次、各部门根据各自的主观标准对商品质量所做出的评判。

四、商品的经济质量

商品的经济质量是指人们按自己的真实需要，以尽可能低的价格获得性能尽可能优良的商品，并且在消费中付出尽可能低的使用和维修成本的程度，即物美和价廉的统一程度。

📖 案例链接

云巡店系统应用及实践，提升商品质量评价水平

面对外部环境的挑战冲击，某店铺的督导管理工作遇到了许多难题。为了控制巡店成本、提高沟通效率、及时处理突发情况，该店铺2021年5月启用了云巡店系统。云巡店系统将店铺实时监控数据汇集到平台，并对数据进行分析。店铺管理人员可通过系统平台实时进行店铺自检，完成开、闭店标准化、周清自查及每月设备自查，日常经营管理的效率有了很大提高；督导也可通过系统平台远程进行巡店工作，包括食安、QSC、培训、新品上市稽核、店铺问题追踪处理等；总部更可以通过平台实时进行稽核，汇总数据，分析各店铺的营运状况，从而更好地制定和调整集团的营运策略。

该店铺基于巡店系统搭建了多层级的SOP标准化管控体系，通过使用云巡店系统，稽核效率提高了40%，店铺整改的周期缩短了70%，店铺的自检完成率提高了一倍，店铺标准化水平和数据安全都有了全面提升。

来源：《2022CCFA新茶饮创新案例集》

任务三 商品标准

任务描述

了解了质量评价常用术语和商品质量相关要素之后，李凌对于如何评价各个不同品牌的儿童塑料玩具有了一个基本认识。了解了一些质量评价常用术语之后，李凌迫切想知道，哪些品牌符合更严格的商品标准。他认为符合更严格商品标准的商品在质量上更有保障。那么到底什么是商品标准？有哪些不同的商品标准呢？

活动一 商品标准的类型

标准的制定和实施是市场经济运行的保证。商品标准有很多种类型。

一、商品标准的概念

商品标准是对商品质量和与质量有关的各个方面（如商品的品名、规格、性能、用途、使用方法、检验方法、包装、运输、储存等）所做的统一技术规定，是评定监督和维护商品质量的准则和依据，是产品标准和服务标准的总称。这是广义上的商品标准的概念。狭义的商品标准是指产品标准，大多数情况下所说的商品标准是狭义的。

《标准化工作指南 第 1 部分：标准化和相关活动的通用术语》（GB/T 20000.1—2014）将产品标准定义为"规定产品需要满足的要求以保证其适用性的标准"，同时注明"产品标准除了包括适用性的要求外，也可直接包括或以引用的方式包括诸如术语、取样、检测、包装和标签等方面的要求，有时还可包括工艺要求"。产品标准根据其规定的是全部的还是部分的必要要求，可以分为完整的标准和非完整的标准。产品标准又可分为不同类别的标准，如尺寸类、材料类和交货技术通则类产品标准。

《标准化工作指南 第 1 部分：标准化和相关活动的通用术语》（GB/T 20000.1—2014）将服务标准定义为"规定服务需要满足的要求以保证其适用性的标准"，同时也注明"服务标准可以在诸如洗衣、饭店管理、运输、汽车维护、远程通信、保险银行、贸易等领域内编制"。

> **学以致用**
>
> 你能在你的学习用具包装上找到相关的商品标准吗？

二、商品标准的分类

商品标准分类的方法很多，常见的有以下几种。

1. 按商品标准的表达形式分类

按商品标准表达形式的不同，商品标准可分为文件标准和实物标准。文件标准是以文字（包括表格、图形等）的形式对商品质量所做的统一规定。绝大多数商品标准是文件标准。

实物标准是指对某些难以用文字准确表达的质量要求（如色泽、气味、手感等），由标准化主管机构或指定部门用实物做成与文件标准规定的质量要求完全或部分相同的标准样品，它同样是生产、检验等有关方面共同遵守的技术依据。例如，粮食、茶叶、羊毛、蚕茧等农副产品都有分等级的实物标准。实物标准是文件标准的补充，需要经常更新。

2. 按商品标准的约束程度分类

按商品标准约束程度的不同，商品标准可分为强制性标准和推荐性标准。强制性标准又称法规性标准。国家通过法律的形式，明确对于一些标准所规定的技术内容和要求必须严格执行，不允许以任何理由或方式违反、变更，这样的标准称为强制性标准。强制性标准包括强制性的国家标准、行业标准和地方标准。对违反强制性标准的，国家将依法追究当事人的法律责任。强制性标准包括药品标准，食品卫生标准，兽药标准；商品及商品生产、储运和使用中的安全、卫生标准，劳动安全、卫生标准，运输安全标准；工程建设的质量、安全、卫生标准及国家需要控制的其他工程建设标准；环境保护的污染物排放标准和环境质量标准等。

推荐性标准又称自愿性标准，是指国家鼓励自愿采用的具有指导作用而又不宜强制执行的标准，即标准所规定的技术内容和要求具有普遍的指导作用，允许使用单位结合自己的实际情况，灵活地加以选用。

实行市场经济的国家大多数实行推荐性标准。我国从 1985 年开始实行强制性标准和推荐性标准相结合的标准体制。

3. 按商品标准的成熟程度分类

按商品标准成熟程度的不同，商品标准可分为试行标准和正式标准。试行标准与正式标准具有同等效用，同样具有法律约束力。试行标准一般在使用一段时间后，通过讨论修订，再作为正式标准发布。现行标准绝大多数为正式标准。

4. 按商品标准的保密程度分类

按商品标准保密程度的不同，商品标准可分为公开标准和内部标准。我国的绝大多数标准是公开标准。少数涉及军事技术或尖端技术机密的标准只准在国内或有关单位内部发行，这类标准称为内部标准。

活动二　商品标准的分级

为了适应不同的技术水平、管理方式，满足各种不同的经济要求，按适用领域和有效范围的不同，商品标准可分为不同的级别。从全球范围来看，商品标准一般可分为国际标准、区域标准、国家标准、行业标准、地方标准和企业标准。

一、国际标准

国际标准是指由国际上具有权威的标准化组织制定，并为世界各国普遍承认和通用的标准。《标准化工作指南　第1部分：标准化和相关活动的通用术语》（GB/T 20000.1—2014）将国际标准定义为"由国际标准化组织或国际标准组织通过并公开发布的标准"。国际标准化组织（ISO）是世界上最大的国际标准化机构，国际电工委员会（IEC）、国际电信联盟（ITU）和ISO合称为"三大国际标准化机构"。

此外，还有其他一些国际组织，如国际计量局（BIPM）、国际人造纤维标准化局（BISFA）、国际食品法典委员会（CAC）、国际电气设备合格认证委员会（CEE）、国际照明委员会（CIE）、国际辐射单位与测量委员会（ICRU）、国际橄榄油理事会（IOOC）、国际辐射防护委员会（ICRP）、国际葡萄与葡萄酒组织（IWO）、联合国粮食及农业组织（FAO）、国际羊毛局（IWS）等。

二、区域标准

《标准化工作指南　第1部分：标准化和相关活动的通用术语》（GB/T 20000.1—2014）中区域标准的定义是：由区域标准化组织或区域标准组织通过并公开发布的标准。区域标准主要有欧洲标准化委员会（CEN）、欧洲电工标准化委员会（CENELEC）、欧洲广播联盟（EBU）、亚洲大洋洲开放系统互联研讨会（AOW）、亚洲电子数据交换理事会（ASEB）等制定的标准。区域标准由于容易造成经济的局部化，有不断减少的趋势。

三、国家标准

国家标准是指对全国经济技术发展有重大意义，需要在全国范围内统一的技术要求所制定的标准。《中华人民共和国标准化法》规定：国家标准分为强制性标准、推荐性标准；强制性标准必须执行；对保障人身健康和生命财产安全、国家安全、生态环境安全以及满足经济社会管理基本需要的技术要求，应当制定强制性国家标准。例如，影响国家经济、技术发展的重要工农业商品

（如种子、化肥、农药、通用零部件、元器件、构配件、工具、计量器具以及有关安全要求的建筑材料等）的标准，可能危及人体健康和人身、财产安全的商品（如药品、食品、化妆品、易燃易爆品、锅炉压力容器等）的标准，配合通用技术的术语标准等，都是强制性国家标准。

《国家标准管理办法》规定："强制性国家标准的代号为'GB'，推荐性国家标准的代号为'GB/T'。"国家标准的编号由国家标准的代号GB（推荐性标准是GB/T）、国家标准发布的顺序号和国家标准发布的年号构成。其中，关于发布年号，1996年以后发布的标准用四位数字表示，之前的用两位数字表示。例如：GB/T 18168—2017表示2017年发布的第18168号推荐性国家标准；GB 8537—2018表示2018年发布的第8537号强制性国家标准；GB 14907—94表示1994年发布的第14907号强制性国家标准。

《中华人民共和国标准化法实施条例》规定："国家标准由国务院标准化行政主管部门编制计划，组织草拟，统一审批、编号和发布。工程建设、药品、食品卫生、兽药、环境保护的国家标准，分别由国务院工程建设主管部门、卫生主管部门、农业主管部门、环境保护主管部门组织草拟、审批；其编号、发布办法由国务院标准化行政主管部门会同国务院有关行政主管部门制定。法律对国家标准的制定另有规定的，依照法律的规定执行。"

四、行业标准

行业标准是指对没有国家标准而又需要在全国某个行业范围内统一的技术要求所制定的标准。《中华人民共和国标准化法实施条例》规定："行业标准由国务院有关行政主管部门编制计划，组织草拟，统一审批、编号、发布，并报国务院标准化行政主管部门备案。行业标准在相应的国家标准实施后，自行废止。"

行业标准代号由国务院标准化行政主管部门规定。其编号方式：（行业标准代号）（标准顺序号）—（发布年号）。推荐性行业标准的代号是在强制性行业标准代号后面加"/T"，如农业行业的推荐性行业标准代号是"NY/T"，NY/T 1234—2018表示2018年发布的第1234号推荐性农业行业标准。部分具体行业标准名称和代号如表2-7所示。

表2-7　中华人民共和国行业标准名称和代号（部分）

序号	行业标准名称	行业标准代号
1	农业	NY
2	水产	SC

续表

序号	行业标准名称	行业标准代号
3	水利	SL
4	林业	LY
5	轻工	QB
6	纺织	FZ
7	医药	YY
8	民政	MZ
9	教育	JY
10	烟草	YC
11	黑色冶金	YB
12	有色冶金	YS
13	石油天然气	SY
14	化工	HG
15	石油化工	SH
16	建材	JC
17	地质矿产	DZ
18	土地管理	TD
19	测绘	CH
20	机械	JB
21	汽车	QC
22	民用航空	MH
23	兵工民品	WJ
24	船舶	CB
25	航空	HB
26	航天	QJ

续表

序号	行业标准名称	行业标准代号
27	核工业	EJ
28	铁路	TB
29	交通	JT
30	劳动和劳动安全	LD
31	电子	SJ
32	通信	YD
33	广播电影电视	GY
34	电力	DL
35	金融	JR
36	海洋	HY
37	档案	DA
38	出入境检验检疫	SN
39	文化	WH
40	体育	TY
41	国内贸易	SB
42	物资管理	WB
43	环境保护	HJ
44	稀土	XB
45	城镇建设	CJ
46	建筑工程	JG
47	新闻出版	CY
48	煤炭	MT
49	卫生	WS
50	公共安全	GA
51	包装	BB

续表

序号	行业标准名称	行业标准代号
52	地震	DB
53	旅游	LB
54	气象	QX
55	外经贸	WM
56	海关	HS
57	邮政	YZ

五、地方标准

地方标准是指对没有国家标准和行业标准而又需要在省、自治区、直辖市范围内统一工业商品的安全、卫生要求所制定的标准。地方标准在本行政区域内适用，不得与国家标准和行业标准相抵触。

地方标准由省、自治区、直辖市人民政府标准化行政主管部门制定；设区的市级人民政府标准化行政主管部门根据本行政区域的特殊需要，经所在地省、自治区、直辖市人民政府标准化行政主管部门批准，可以制定本行政区域的地方标准。地方标准由省、自治区、直辖市人民政府标准化行政主管部门报国务院标准化行政主管部门备案，由国务院标准化行政主管部门通报国务院有关行政主管部门。地方标准不得与上一级标准相抵触。在发布实施相应的国家标准和行业标准后，该项标准即行废止。

地方标准是推荐性标准，代号：DB+地区代码/T。其编号方式：（地方标准代号）（标准顺序号）—（发布年号）。其中，地区代码为各省、自治区、直辖市行政区划代码的前两位数字，如11表示北京市，12表示天津市，13表示河北省，14表示山西省等。例如，DB34/T 166—1996表示1996年发布的第166号推荐性安徽省地方标准。各省、自治区、直辖市、特别行政区的代码如表2-8所示。

表2-8 各省、自治区、直辖市、特别行政区代码

名称	数字码	字母码
北京市	110000	BJ
天津市	120000	TJ
河北省	130000	HE

名称	数字码	字母码
山西省	140000	SX
内蒙古自治区	150000	NM
辽宁省	210000	LN
吉林省	220000	JL
黑龙江省	230000	HL
上海市	310000	SH
江苏省	320000	JS
浙江省	330000	ZJ
安徽省	340000	AH
福建省	350000	FJ
江西省	360000	JX
山东省	370000	SD
河南省	410000	HA
湖北省	420000	HB
湖南省	430000	HN
广东省	440000	GD
广西壮族自治区	450000	GX
海南省	460000	HI
重庆市	500000	CQ
四川省	510000	SC
贵州省	520000	GZ
云南省	530000	YN
西藏自治区	540000	XZ
陕西省	610000	SN

续表

名称	数字码	字母码
甘肃省	620000	GS
青海省	630000	QH
宁夏回族自治区	640000	NX
新疆维吾尔自治区	650000	XJ
台湾省	710000	TW
香港特别行政区	810000	HK
澳门特别行政区	820000	MO

六、企业标准

企业标准是指企业制定的商品标准和在企业内需要协调、统一的技术要求和管理工作要求进行制定的标准。企业的商品标准由企业组织制定、发布，并报当地政府标准化行政主管部门和有关行政主管部门备案。已有国家标准和行业标准的，国家鼓励企业制定严于国家标准或行业标准的企业标准，在企业内部使用，以提高商品质量水平，争优质、创名牌。严于国家标准或行业标准的企业标准可以不公开、不备案。

企业标准代号由"Q"和斜线加企业代号组成。企业代号的规定分两种情况：一是凡中央所属企业的企业代号，由国务院有关行政主管部门规定；二是各地方所属企业的企业代号，由所在省、自治区、直辖市政府标准化行政主管部门规定。企业代号可用汉语拼音或阿拉伯数字或两者兼用表示。其编号方式：企业标准代号（Q/---）标准顺序号—发布年号。例如，Q/EGF 024—2020表示2020年发布的某企业的第024号企业标准。由省、自治区、直辖市发布的标准，还要在其企业标准代号"Q"前加上本省、自治区、直辖市的简称汉字，如"京Q/---""皖Q/---"等。

📝 如春在花

历史上最早的标准化出现在秦国。云梦秦简中有关标准化的内容相当丰富，有商品型式、尺寸的要求，基建工程的质量要求，关于粮食加工的定量标准，检验漆的质量标准等。总览云梦秦简并参照其他文献和考古实物资料可知，从战国中后期至秦朝，对商品质量的监督、管理标准化的实施已经形成一定的制度，采用了法律保护措施，奠定了我国标准化的基础，在我国历史上有着深远的影响。

答疑解惑

针对"职场情境"中李凌提出的问题，解答如下。

要想知道颜色鲜艳、造型漂亮的儿童塑料玩具质量如何，首先要明确该商品的具体类别，确认该类商品的质量标准和质量要素，明确该类商品常用的评价指标体系，同时结合相应的质量检测报告，对儿童塑料玩具的质量做出综合评价。

项目实训

⤭ 任务背景

夏天就要来临，李凌所在中等职业学校的校园便利店需要上新冷饮商品。该便利店是连锁经营与管理专业的校内实训基地。作为连锁经营与管理专业的学生，李凌在教师的指导下进行了供应商的选择，接下来摆在他面前的就是商品的质量要求。李凌发现，商品包装上有一些质量标志，分别代表不同的含义。那么，如何根据这些质量标志选择合适的商品呢？

✖ 任务要求

以小组讨论的形式，上网查找资料，请教相关工作人员，想一想常见的质量标准有哪些，以及分别用哪些标志表示。

💬 任务评价

	评价项目	得分
教师评价	能够较完整地罗列出与冷饮质量相关的质量指标（40分）	
	能够有效地借助现有的渠道条件完成实训任务（20分）	
学生互评	对小组成果的贡献度（40分）	
合计		

温故知新

一、单选题

1. 商品在规定的条件下和规定时间内，完成规定功能的能力，这属于商品质量的（　　　）。

  A．可靠性   B．可用性   C．安全性   D．合格

2. 白布漂白时，氧化剂的用量、温度、时间都会影响白布的质量，这是（　　）对商品质量的影响的体现。

    A. 原材料　　　　　　　　　　　B. 生产制造

    C. 商品验证　　　　　　　　　　D. 商品储存

3. 按照商品标准表达形式的不同，商品标准可以分为文件标准和（　　）。

    A. 文字标准　　　B. 图形标准　　　C. 实物标准　　　D. 表格标准

4. 电冰箱必须具备保鲜性能，这是商品质量中（　　）的基本要求。

    A. 适用性　　　　　　　　　　　B. 卫生和安全性

    C. 耐用性　　　　　　　　　　　D. 结构合理性

5. 下列选项中（　　）属于国际标准。

    A. ISO　　　　　　B. CE　　　　　　C. CCC　　　　　　D. BS

二、多选题

1. 商品质量的性质包括（　　）。

    A. 针对性　　　　B. 相对性　　　　C. 可变性　　　　D. 安全性

2. 流通过程对商品质量的影响包括对（　　）等方面的影响。

    A. 商品包装　　　B. 商品运输　　　C. 商品储存　　　D. 商品销售

3. 从全球范围来看，商品标准一般可分为（　　）。

    A. 国家标准　　　B. 国际标准　　　C. 行业标准

    D. 企业标准　　　E. 地方标准　　　F. 区域标准

4. 原材料的质量与其（　　）及其所制造的商品的适用性有直接关系。

    A. 成分　　　　　B. 性质　　　　　C. 结构　　　　　D. 检验

三、判断题

1. 商品质量有狭义和广义之分。（　　）

2. 商品质量即商品品质，是在特定的条件下，评价商品使用价值优劣程度的各种自然属性和社会属性，包括外观质量和内在质量，商品满足明确需要和隐含需要能力的特性和特征总和。（　　）

3. 功能保证性是商品质量的基本要求之一。（　　）

4. 生产经营质量成本属于商品质量基本要求中的经济性。（　　）

5. 环保性主要指的是商品生产按照可持续发展的理念进行。（　　）

6. 对难以用文字准确表达的质量要求，我们可以用推荐标准来补充。（　　）

7. 按照商品标准表达形式的不同，商品标准可以分别强制性标准和推荐性标准。（　　）

8. 对商品质量和与质量有关的各个方面（如商品的品名、规格、性能、用途、使用方法、检验方法、包装、运输、储存等）所做的统一技术规定，称

为商品的质量。（　　）

9. 每一个行业都可以按照自己的实际情况制定行业标准。（　　）

10. 企业标准是由企业制定、发布的，在该企业范围内统一使用的标准。（　　）

四、简答题

1. 简述广义的质量。

2. 质量管理的形成大致经历了几个发展阶段？各阶段的主要特点是什么？

3. 简述全面质量管理的意义和基本要求。

4. 质量认证的作用是什么？

项目三

商品包装

　　李凌在学校已学习了一段时间。学生们自主经营的连锁实训基地，既便利了师生们的生活，又为学生们提供了实习岗位，李凌下学期也将在实训基地实习。今天，他来到实训基地购买零食，发现一个奇怪的现象：很多人在排队购买一款新上市的巧克力。李凌走近一看，原来是××巧克力出了新口味，其包装很特别，吃完还能做成手工笔筒，他忍不住也买了一盒。回到宿舍后的李凌边品尝边说道："其实新出的口味一般，但是这个包装是亮点，可以做成笔筒。价格贵是贵了点，但好像也值得。"据实训基地统计，在新包装的巧克力上架后，基地的销售量和盈利率明显有了提高。李凌心想，商品包装还真是一个无声的推销员啊，那么它还有什么功能和作用呢？还有哪些包装技巧可以提高销售量？

学习目标

知识目标

- 说出商品包装的概述、分类。
- 说出包装材料的类型与特点。
- 知道商品运输包装的形式和技术。
- 知道商品销售包装形式和商品包装技术。

能力目标

- 能够根据商品的特性选择合适的包装材料和形式。
- 能够识别商品运输包装标志。
- 能够为常见商品选择合适的运输包装标志。

素质目标

- 通过对日常生活中商品包装的关注，提高审美意识，能够分辨出商品包装的优劣。
- 通过对商品包装的学习，体会包装设计者的匠心，培养匠心精神，增强文化自信。

思维导图

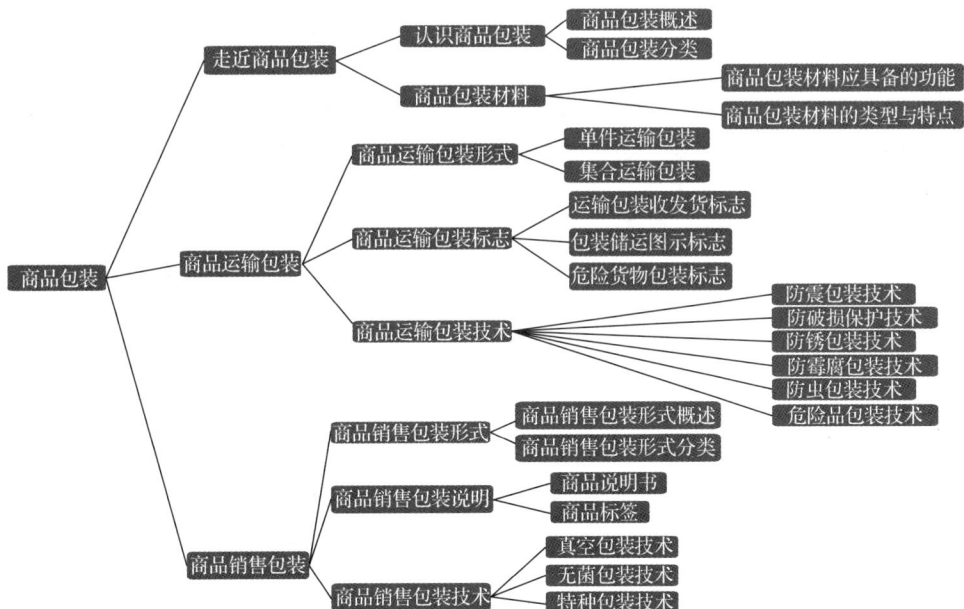

任务一　走近商品包装

任务描述

李凌在实训基地购买巧克力后，思考了一个问题：在新包装的巧克力上架后，基地的销售量和盈利率有了明显的提高，是什么为实训基地带来了销售量和盈利率？肯定是商品的包装。那商品包装的具体功能和作用是什么？什么样的包装技巧可以提高销售量？带着疑问，他打开手机，进行查询，明确商品包装的相关知识，进入专业学习。

活动一　认识商品包装

一、商品包装概述

商品包装是指为了在流通过程中保护商品，方便储存，促进销售，按一定技术、方法而采用的容器、材料及辅助物等的总体名称。图3-1所示为精美的商品包装。商品包装也指为了达到上述目的而采用的容器、材料和辅助物的过程中施加一定技术方法等的操作活动，如图3-2所示。

图3-1　精美的商品包装

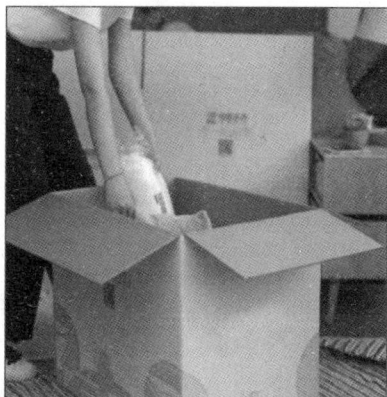

图3-2　商品包装

这也就是说，商品包装有两个含义。一是作名词用，泛指盛装商品的容器，通常称作包装物，如盒、箱、袋、筐、桶、瓶等。要注意的是，盛装没有进入流通领域物品的用品不能称为包装，只能称为包裹、箱子、盒子、容器等。因为除了包装的包裹、盛装的功能外，对物品进行装饰，获得受众的青睐才是包装的重要意义。二是作动词用，指采用一定的操作技术对商品进行包装的过程，如装箱、打包等。

创意包装设计

商品的创新离不开包装的进化与变革。在各种商品层出不穷的时代，包装设计也在不断突破创新，新材料、新形式、新玩法不断涌现。回顾食品饮料行业的包装趋势，不难发现，包装的功能正在不断延伸，从好看到实用，从趣味到互动，包装以新方式架起了品牌和消费者之间的桥梁。

旺仔牛奶民族罐，"撩"动56个民族。作为不少消费者的童年回忆，近年来旺旺可谓活力满满。凭借"魔性"的跨界营销，旺旺变身"情怀收割机"，也让无数年轻消费者心动不已。2019年，旺旺集团为庆祝中华人民共和国成立70周年、旺仔品牌诞生40周年，推出了旺仔牛奶民族罐，如图3-3所示。系列的概念配合盲盒的玩法，催生了商品的社交属性，让这阵"最旺民族风"迅速引爆社交网络。

图3-3　旺仔牛奶民族罐

随后，旺旺将这一创意用到仙贝、雪饼、牛奶糖等更多商品上，依旧备受消费者追捧。在微博平台，"56个民族版旺仔"话题的阅读量达到1.5亿次，讨论量达10万条，足见旺旺这波操作的确是实力"圈粉"，堪称"教科书"级别的包装营销。

二、商品包装分类

商品包装种类繁多，常见的商品包装分类如图3-4所示。

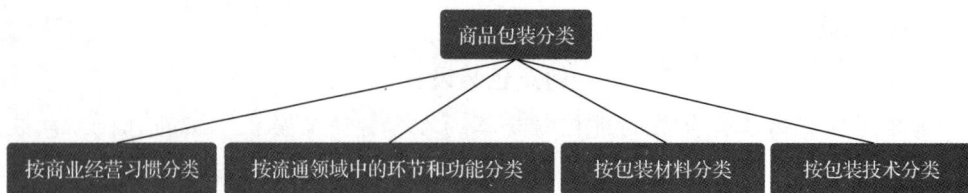

图3-4　商品包装分类

（一）按商业经营习惯分类

按商业经营习惯的不同，商品包装分为内销包装、出口包装和特殊包装。内销包装是为了适应在国内销售的商品所采用的包装，具有简单、经济、实用的特点；出口包装是为了适应商品在国外的销售，针对商品的国际长途运输所采用的包装，在保护性、装饰性、竞争性、适应性上要求更高；特殊包装是为工艺品、美术品、精密贵重仪器等所采用的包装，一般成本较高。

（二）按流通领域中的环节和功能分类

按流通领域中环节和功能的不同，商品包装分为小包装、中包装和外包装。

1. 小包装

小包装是指直接接触商品，与商品同时装配出厂，构成商品组成部分的包装。商品的小包装上多有图案或文字标识，具有保护商品、方便销售、指导消费的作用。

2. 中包装

中包装指的是商品的内层包装，通常称为商品销售包装，多为具有一定形状的容器等。它具有防止商品受外力挤压、撞击而发生损坏或受外界环境影响而发生受潮、发霉、腐蚀等变质变化的作用。

3. 外包装

外包装指的是商品最外部的包装，又称商品运输包装，多是若干个商品集中的包装。商品的外包装上都有明显的标记。外包装具有保护商品在流通中品质完好和数量完整的作用。

（三）按包装材料分类

按包装材料的不同，商品包装分为纸类、塑料类、玻璃类、金属类、木材类、复合材料类、陶瓷类、纺织品类、其他材料类等包装。

（四）按包装技术分类

按包装技术的不同，商品包装分为贴体、透明、托盘、开窗、收缩、提袋、易开、喷雾、蒸煮、真空、充气、防潮、防锈、防霉、防虫、无菌、防震、遮光、礼品、集合包装等。

👤 活动二　商品包装材料

商品包装材料是商品包装的物质基础，是商品包装功能的物质承担者。

一、商品包装材料应具备的功能

商品包装材料应具备六大功能，即保护、加工操作、外观装饰、方便使用、节省费用、易处理功能。

1. 保护功能

保护功能是指保护内装物，防止其变质、损坏，保证其质量。包装的保护功能主要取决于包装材料的机械强度、防潮防水性、耐腐蚀性、耐热耐寒性、抗老化性、透光及遮光性、透气性、防紫外线穿透性、耐油性、适应气温变化性、卫生安全性、无异味性等。

2. 加工操作功能

加工操作功能主要指易加工、易包装、易充填、易封合以及适于自动包装机械操作、生产效率高的功能。其主要取决于包装材料的刚性、挺力、光滑度、可塑性、可焊性、易开口性、热合性、防静电性等。

3. 外观装饰功能

外观装饰功能主要指材料的形、色、纹理的美观性，能产生陈列效果，提高商品的价格和激发消费者的购买欲。其主要取决于包装材料的透明度、表面光泽度、印刷适应性、防静电吸尘性等。

4. 方便使用功能

方便使用功能主要指便于开启和取出内装物、便于再封闭等。其主要取决于包装材料的启闭功能、不易破裂及包装容器的结构等。

5. 节省费用功能

节省费用功能主要指经济、合理地选择包装材料，体现在节省包装材料、包装机械设备费、劳动费，以及降低自身重量和提高包装效率等方面。

6. 易处理功能

易处理功能主要指包装材料要有利于生态环境保护，有利于节省资源，体现在易回收、可复用、可再生、可降解、易处置等方面。

二、商品包装材料的类型与特点

商品的包装是商品的重要组成部分，它不仅在运输过程中能够起到保护商品的作用，而且直接关系到商品的综合品质。商品包装材料的类型与特点如下。

（一）纸包装材料

常见的纸包装材料有包装纸、蜂窝纸、纸袋纸、蜂窝纸板、牛皮纸、工业纸板、蜂窝纸芯等。其优点如下：具有适宜的强度；密封性好；具有优良的成形性和折叠性；具有较好的印刷性；生产成本低且重量轻；易于回收复用和再生，不会污染环境。其缺点如下：造纸工业需大量获取各种植物作为造纸原料，会导致森林面积减少，从而导致一系列生态环境的恶化；纸包装的生产加工会造成环境污染；纸包装难以封口，受潮后牢固度下降及气密性、防潮性、透明性变差等，使其在包装应用上受到一定的限制。

（二）塑料包装材料

塑料包装材料主要有封口膜、收缩膜、塑料膜、缠绕膜、热收缩膜、中空板等。其优点如下：物理机械性能优良，具有一定的强度和弹性，耐折叠、耐摩擦、耐冲击、抗震动、抗压、防潮、防水，并能阻隔气体；化学稳定性好，耐酸碱、耐油脂、耐化学药剂、耐腐蚀；相对密度较小，属于轻质材料；加工成型工艺简单；适合采用各种包装新技术；印刷性和装饰性强。其缺点如下：强度不够高，耐热性能不够好；有些塑料会发出异味；易产生静电；塑料包装废弃物处理不当会造成环境污染。

（三）金属包装材料

金属包装材料主要有电镀锡薄钢板、桶箍、泡罩铝、PTP 铝箔、铝板、钢扣等。其优点如下：具有良好的机械强度，牢固结实，耐碰撞，不易破碎，能有效地保护内装物；密封性能优良，阻隔性好，不透气，防潮，耐光，用于食品包装（罐藏）能达到中长期保存；具有良好的延伸性，易于加工成型；金属表面有特殊的光泽，易于进行涂饰和印刷，可获得良好的装潢效果；易于回收再利用，不污染环境。其缺点如下：成本高，一些金属材料的化学稳定性差，在潮湿的空气中易发生锈蚀，遇酸、碱会发生腐蚀，因而限制了其在包装上的应用。

（四）玻璃包装材料

玻璃包装材料主要有玻璃瓶、玻璃罐等。玻璃与陶瓷均是以硅酸盐为主要成分的无机材料。目前玻璃仍是现代包装的主要材料之一。其优点如下：化学稳定性好，耐腐蚀，无毒无味，卫生安全；密封性优良，不透气，不透湿，有紫外线屏蔽性，有一定的强度，能有效地保护内装物；透明性好，易于造型，具有特殊的宣传和美化商品的效果；原料来源丰富，价格低；易于回收复用和再生，有利于保护环境。其缺点如下：耐冲击强度低，碰撞时易破碎，自身重量大，运输成本高，能耗大。目前，玻璃的强化、轻量化技术及复合技术已有一定发展，加强了对包装的适应性。

（五）陶瓷包装材料

陶瓷包装材料主要有陶瓷瓶、陶瓷罐、陶瓷坛、陶瓷缸等。其优点如下：陶瓷化学稳定性与热稳定性均佳，耐酸碱腐蚀；遮光性优异，密封性好；成本低廉；结构造型多样，古朴典雅，釉彩和图案装饰美观。其缺点如下：相对密度较大，容器相对笨重，容易破损。

（六）木质包装材料

木质包装材料是指木材、木材制品和人造板材（如胶合板、纤维板等）制成的包装，主要有木箱、木桶、胶合板箱、纤维板的箱和桶、木制托盘等。其优点如下：具有特殊的耐压、耐冲击和耐气候的能力，并有良好的加工性能，目前仍是大型和重型商品运输包装的重要材料；也可用于包装那些批量小、体积小、质量大、强度要求高的商品。其缺点如下：鉴于森林资源匮乏、环境保护要求、价格高等原因，其发展潜力不大。

（七）复合类软包装材料

复合类软包装材料包括软包装、镀铝膜、铝箔复合膜、真空镀铝纸、复合膜、复合纸等。复合材料主要由塑料与纸、塑料与铝箔、塑料与铝箔和纸、塑料与玻璃、塑料与木材等材料复合制成。其优点如下：具有良好的机械强度和气密性、防水、防油、耐热或耐寒、容易加工；功能完美，品种多样，价格低廉。能够适应不同商品需要的复合类软包装材料为包装工业带来了巨大的经济效益，是现代商品包装材料的发展方向，尤其适用于食品的包装。其缺点如下：带来了能源、材料的消耗和包装废弃物的回收等新问题。

（八）其他包装材料／辅料

其他包装材料／辅料，如用于包装的织品材料，主要是指棉、麻植物纤维，以及矿物纤维和化学纤维，它们主要用于制袋和包裹商品。

竹类、野生藤类、树枝类和草类等材料是来源广泛、价格低廉的天然包装材料。由其编制而成的容器具有通风、轻便、结实、造型独特等特点，适用于包装各种农副土特产品。布袋和麻袋具有轻巧，使用方便等优点，适用于盛装粮食及其制品、食盐、食糖、农副产品、化肥、化工原料、中药材等。

请为鸡蛋、啤酒、图书、衣物、床、午餐肉选择包装材料，并说明选择的缘由。

案例链接

可以吃的商品包装——大白兔奶糖包装纸

在吃大白兔奶糖的时候，很多人会有疑问：大白兔奶糖的外面为什么包裹了两层纸？一层纸是最外面印刷了"奶糖"字样的包装纸，另一层则是里面和大白兔奶糖直接接触的纸。

里面直接包裹大白兔奶糖的那层纸，主要是糯米纸。这样的纸本是由糯米制成，在加工过程中又没有受到污染，自然是能吃的，用它来包裹奶糖也是很合适的。因为大白兔奶糖如果只用一层纸包裹很容易受到污染，多加一层糯米纸有更好的保护作用，而且大白兔奶糖有个缺点，那就是温度稍高的时候会融化，会和糯米纸粘在一起。过去我们吃这层糯米纸也是因为大白兔奶糖融化后会和糯米纸粘在一起，但这正是包装设计者的用意。

值得一提的是，如今大白兔奶糖的包装设计已得到改进。过去用的是糯米纸，现在主要是用淀粉和食用明胶做的纸，这也是可以食用的，但是多数时候不需要"被动"食用。现在我们吃大白兔奶糖时会发现，即使奶糖融化了，也不会和这层纸粘在一起，也就是说，我们现在很少会"被动"地吃掉这层纸了。

如春在花

绿色包装又称环保包装，是指可充分发挥包装功能，又有利于节约资源、保护环境、降低废弃物排放的包装。它包括节约资源和能源，降低废弃物排放，易于回收利用，可循环利用、可降解等具有生态环境保护要求的含义。我们要时刻铭记："绿水青山就是金山银山"，保护环境要从自身做起。

任务二　商品运输包装

任务描述

弄清楚什么是商品包装和商品包装的分类后，李凌发现商品运输包装部分也有许多门道，如商品运输包装形式、商品运输包装标志、商品运输包装技术等内容，他已经迫不及待地想深入学习了。

活动一　商品运输包装形式

商品包装按照功能的不同，可以分为商品运输包装和商品销售包装。

商品运输包装又称外包装、大包装，是为保护商品数量、品质和便于运输、储存而进行的外层包装。按照内含商品的数量不同，商品运输包装可以分为单件运输包装和集合运输包装两类。

一、单件运输包装

货物在运输中作为一个计件单位的包装称为单件运输包装。单件运输包装按包装的外形，有包、箱、桶、袋、筐、捆、坛、缸、罐、瓶等；按包装的结构方式，有软性、半硬性、硬性包装；按包装材料，有纸、塑料、金属、玻璃、陶瓷、木质、棉麻制品，以及草柳藤编织制品等包装。

（一）包包装

包包装（见图3-5）通常用于包装羽毛、羊毛、棉花、生丝、布匹等商品。

（二）箱包装

箱包装（见图3-6）用于包装价值高、易受损的商品。按材料不同，箱包装有纸箱、木箱、板条箱、漏孔箱等。

图3-5　包包装

图3-6　箱包装

（三）桶包装

桶包装（见图3-7）用于包装液体、半液体及粉状、粒状商品。按材料不同，桶包装有木桶、铁桶、塑料桶等。

（四）袋包装

袋包装（见图3-8）用于粉状、颗粒状、块状的农产品及化学原料等。按材料不同，袋包装有麻袋、布袋、纸袋、塑料袋等。

图3-7 桶包装

图3-8 袋包装

二、集合运输包装

将若干单件运输包装组合成一件大包装，有利于提高装卸速度、减轻装卸搬运劳动强度、便利运输、保证货物数（质）量、促进包装标准化、节省运杂费用。常见的集合运输包装有集装箱、集装包（袋）、托盘等。

（一）集装箱

集装箱是指具有一定强度、刚度和规格，专供周转使用的大型装货容器。使用集装箱转运货物，可直接在发货人的仓库装货，运到收货人的仓库卸货，中途更换车、船时，无须将货物从箱内取出换装。集装箱最大的成功在于其商品的标准化及由此建立的一整套运输体系。它能够让一个载重几十吨的庞然大物实现标准化，并且以此为基础逐步实现全球范围内的船舶、港口、航线、公路、中转站、桥梁、隧道、多式联运相配套的物流系统，堪称人类有史以来创造的伟大奇迹之一。图 3-9 所示为集装箱堆场。

图3-9 集装箱堆场

（二）集装包（袋）

集装包是用合成纤维或复合材料编织成抽口式的包，适于装载已经包装好的桶装和袋装的多件商品，每包一般可容纳 1 ～ 1.5 吨重的货物。集装袋是用合成纤维或复合材料编织成圆形的大口袋，适于集合包装商品，每袋一般可容纳 1 ～ 4 吨重的货物。图 3-10 所示为集装袋，图 3-11 所示为集装包。

图3-10 集装袋

图3-11 集装包

（三）托盘

托盘是用木材、金属或塑料制成的托板，是在一件或一组货物的下面附加一块垫板，垫板下有 3 只"脚"，形成两个"口"字型扁孔，统称为"插口"，供铲车的铲叉伸入，将托盘连同所载的货物一起铲起，进行堆放、装卸和运送。为防止货物散落，需要用厚箱板纸、收缩薄膜、拉伸薄膜等将货物牢固包扎在托盘上，组合成一件托盘包装。每一托盘的装载量一般为 1 ～ 1.5 吨。托盘一般有塑料托盘（见图 3-12）、木质托盘（见图 3-13）和金属托盘（见图 3-14）3 种。

图3-12 塑料托盘

图3-13 木质托盘

图3-14 金属托盘

👤 活动二 商品运输包装标志

商品运输包装标志是指用简单的文字或图形在商品运输包装外面印制的特定的记号和说明事项，它是商品储存、运输、装卸过程中不可缺少的一项辅助措施。使用商品运输包装标志便于识别商品，便于运输仓储等部门工作，便于收货人收货。商品运输包装标志在保证安全储运、减少运转差错、加速商品流通方面具有重要作用。商品运输包装标志按表现形式可分为文字标志和图形标志，按内容和作用又可分为运输包装收发货标志、包装储运图示标志和危险货物包装标志等。

一、运输包装收发货标志

运输包装收发货标志是运输过程中识别货物的标志，也是一般贸易合同发货单据和运输保险文件中记载有关标志事项的基本部分。运输包装收发货标志通常印刷在外包装上，其内容有商品的类别、货号、品名规格及单位、数量等，具体如表 3-1 所示。

表3-1　运输包装收发货标志

序号	项目			含义
	代号	中文	英文	
1	FL	商品分类图示标志	CLASSIFICATION MARKS	表明商品类别的特定符号
2	GH	供货号	CONTRACT　No	供应该批货物的供货清单号码（出口商品用合同号码）
3	HH	货号	ART　No	商品顺序编号。以便出入库、收发货登记和核定商品价格
4	PG	品名规格	SPECIFICATIONS	商品名称或代号；标明单一商品的规格、型号、尺寸、花色等
5	SL	数量	QUANTITY	包装容器内含商品的数量
6	ZL	重量 （毛重）	GBOSS WT	包装件的重量（kg）包括毛重和净重
		（净重）	NET　WT	
7	CQ	生产日期	DATE OF PRODUCTION	产品生产的年、月、日
8	CC	生产工厂	MANUFACTURER	生产该产品的工厂名称
9	TJ	体积	VOLUME	包装件的外径尺寸长×宽×高（cm）=体积（m³）
10	XQ	有效期限	TERM　OF　VALIDITY	商品有效期至×年×月
11	SH	收货地点和单位	PLACE OF DESTINATION ANDCONSIGNEE	货物到达站、港和某单位（人）收（可用贴签或涂写）
12	FH	发货单位	CONSIGNOR	发货单位（人）
13	YH	运输号码	SHIPPING　No	运输单号码
14	JS	发运件数	SHIPPING　PIECES	发运的件数
说明	1. 分类标志一定要有，其他各项合理选用。 2. 外贸出口商品根据国外客户要求，以中、外文对照，印制相应的标志和附加标志。 3. 国内销售的商品包装上不填英文项目			

（一）商品分类图示标志

《运输包装收发货标志》（GB 6388—86）中对商品分类图示标志的图形有具体的规定。商品分类图示标志的 12 类图形如图 3-15 所示。

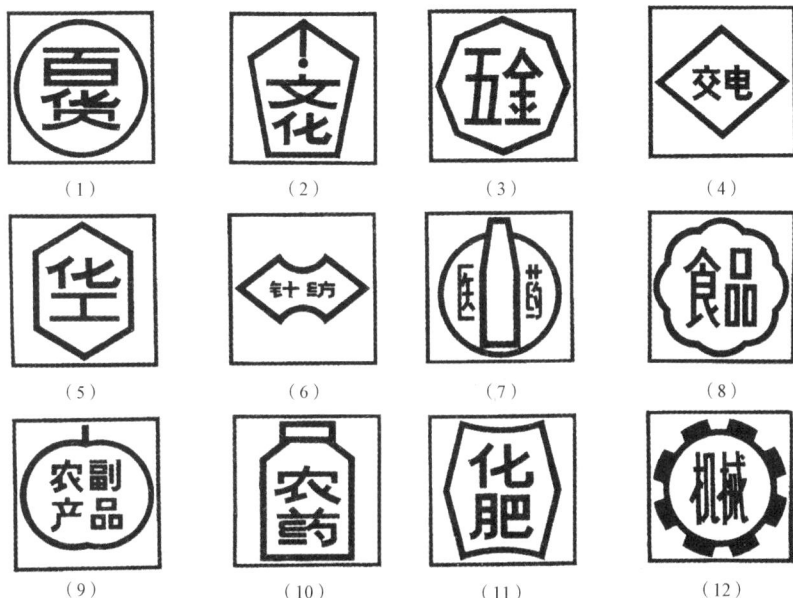

图3-15　商品分类图示标志的12类图形

（二）收发货标志的字体

《运输包装收发货标志》（GB 6388—86）规定："标志的全部内容，中文都用仿宋体字，代号用汉语拼音大写字母；数码用阿拉伯数码；英文用大写的拉丁文字母。标志必须清晰、醒目，不脱落，不褪色。"

（三）收发货标志的颜色

在纸箱、纸袋、塑料袋、钙塑箱上，收发货标志的颜色要按商品类别规定的颜色用单色印刷，如表 3-2 所示。

表3-2　收发货标志的颜色

商品类别	颜色	商品类别	颜色
百货类	红色	医药类	红色
文化用品类	红色	食品类	绿色
五金类	黑色	农副产品类	绿色
交电类	黑色	农药	黑色
化工类	黑色	化肥	黑色
针纺类	绿色	机械	黑色

二、包装储运图示标志

包装储运图示标志是根据不同商品对物流环境的适应能力，用醒目、简洁的图形和文字标明在装卸、运输及储存过程中应注意的事项。《包装储运图示标志》（GB/T 191—2008）中规定了 17 种储运图示标志名称及图形，图 3-16 展示的是其中的 16 种。

易碎物品	禁用手钩	向上	怕晒
易碎物品 表明运输包装件 内装易碎物品， 搬运时应小心轻放	禁用手钩 表明搬运运输包装件时禁用手钩	向上 表明该运输包装件在运输时应竖直向上	怕晒 表明该运输包装件不能直接照晒
怕辐射	怕雨	重心	禁止翻滚
怕辐射 表明该物品一旦受辐射会变质或损坏	怕雨 表明该运输包装件怕雨淋	重心 表明该包装件的重心位置，便于起吊	禁止翻滚 表明搬运时不能翻滚该运输包装件
此面禁用手推车	禁用叉车	由此夹起	此处不能卡夹
此面禁用手推车 表明搬运货物时此面禁止放在手推车上	禁用叉车 表明不能用升降叉车搬运的包装件	由此夹起 表明搬运货物时可用夹持的面	此处不能卡夹 表明搬运货物时不能用夹持的面
堆码质量极限	堆码层数极限	禁止堆码	由此吊起
堆码质量极限 表明该运输包装件所能承受的最大质量极限	堆码层数极限 表明可堆码相同运输包装件的最大层数	禁止堆码 表明该包装件只能单层放置	由此吊起 表明起吊货物时挂绳索的位置

图3-16　16种储运图示标志名称及图形

三、危险货物包装标志

危险货物包装标志是用来标明化学危险品的专用标志。为了能引起人们的特别警惕，此类标志采用特殊的彩色或黑白菱形图示。《危险货物包装标志》（GB 190—2009）对危险货物包装标志的图形、适用范围、颜色、尺寸、使用方法均有明确规定。

👤 活动三　商品运输包装技术

在运输过程中常用的商品包装技术有防震包装技术、防破损保护技术、防锈包装技术、防霉腐包装技术、防虫包装技术、危险品包装技术，如图 3-17 所示。

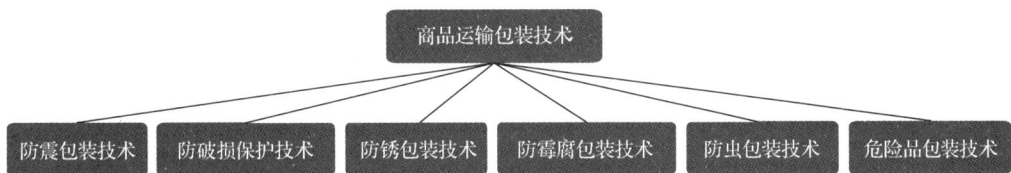

图3-17　商品运输包装技术

一、防震包装技术

防震包装又叫缓冲包装，是指为减缓内装物受到冲击和振动，保护其不受损坏所采取的一定防护措施的包装。该包装技术在各种包装技术中占有重要的地位。商品从生产出来到开始使用，要经过一系列的运输、保管、堆码和装卸过程。在任何过程中，商品都有可能遭受机械性损坏。为了防止商品遭受损坏，就要设法减小外力的影响。防震包装技术主要有以下 3 种方法。

（1）全面防震包装法。全面防震包装法是指内装物和外包装之间全部用防震材料填满进行防震的包装方法。

（2）部分防震包装法。部分防震包装法是指对于整体性好的商品和内装容器的商品，仅在商品或内包装的拐角或局部地方使用防震材料进行衬垫，所用包装材料主要有泡沫塑料防震垫、充气型塑料薄膜、防震垫和橡胶弹簧等。

（3）悬浮式防震包装法。悬浮式防震包装法是指为了有效地保护某些贵重易损的物品，用绳、带、弹簧等将内装物悬吊在比较坚固的包装容器内。

二、防破损保护技术

防破损保护技术包括捆扎及裹紧技术、集装技术、选择高强度保护材料。

捆扎及裹紧技术可以使杂货、散货形成一个牢固的整体，以增加整体性，便于处理及防止散堆来减少破损；集装技术可以减少与货物的直接接触，从而防止破损；选择高强度保护材料指的是通过外包装材料的高强度来防止内装物受到外力作用而破损。

三、防锈包装技术

防锈包装技术包括防锈油防锈蚀包装技术和气相防锈包装技术。

1. 防锈油防锈蚀包装技术

金属与空气中的氧、水蒸气及其他有害气体等直接接触，就容易发生化学反应和电化学反应，从而发生锈蚀。如果能将金属表面保护起来，就可以达到防止金属锈蚀的目的。防锈油防锈蚀包装技术就是根据这一原理，用防锈油封装金属制品，要求油层达到一定厚度，油层的连续性好，涂层完整。不同类型的防锈油要采用不同的方法进行涂覆。

2. 气相防锈包装技术

气相防锈包装技术指的是利用气相缓蚀剂在常温下具有挥发的特性，使之在很短的时间内挥发或升华出的缓蚀气体充满整个包装容器内的每个角落和缝隙，同时吸附在金属制品的表面，从而达到抑制空气对金属的锈蚀作用。

四、防霉腐包装技术

目前防霉腐包装技术主要有冷冻包装、高温杀菌和真空包装等方法。冷冻包装是通过减慢细菌活动和化学变化的速度的方法延长储存期，但不能完全防止食品的变质；高温杀菌可消灭引起食品腐烂的细菌；真空包装可以阻隔外界的水汽，也可防止包装内部存有潮湿空气。

另外，在运输过程中还可以使用防霉剂，用于食品时必须选用无毒防霉剂。机电类商品的大型封闭箱可酌情开设通风孔或通风窗等相应的防霉腐措施。

五、防虫包装技术

防虫包装技术常用的是驱虫剂及在包装中放入有一定毒性和臭味的药物，利用药物在包装中挥发的气体杀灭和驱除各种害虫。常用的驱虫剂有二氯化苯、樟脑等。此外，真空包装、脱氧包装等技术可以使害虫无生存环境，从而防止虫害。

六、危险品包装技术

危险品是易燃、易爆、有强烈腐蚀性、有毒和放射性等物品的总称。危险品包装技术对于保证危险品不发生安全事故具有十分重要的作用。例如，有毒商品需要进行密封包装，且其包装上要有明显的标明有毒的标志；对包装内容物有腐蚀性的商品，需事先对包装容器进行防腐蚀处理，确保商品和包装容器的材质不发生化学变化。

任务三　商品销售包装

任务描述

学完商品运输包装后，李凌又对商品销售包装的内容产生了好奇。商品销售包装有哪几种形式？商品销售包装说明里藏有哪些大学问？就让我们跟随他一起来看看吧。

活动一　商品销售包装形式

一、商品销售包装形式概述

商品销售包装也称内包装、小包装，是指以销售为主要目的，与内装物一起到消费者手中的包装，它具有保护商品、美化商品、宣传商品、促进销售的作用。商品销售包装的特点一般是包装件小、美观安全、卫生、新颖、易于携带。印刷装潢要求较高，销售包装充当推销员的角色，所以商品销售包装的装潢设计很重要。

二、商品销售包装形式分类

商品销售包装按形式和作用的不同，可分为便于陈列展销类包装、便于识别商品类包装和便于携带使用类包装。

1. 便于陈列展销类包装

便于陈列展销类包装包括堆叠式包装和挂式包装。

（1）堆叠式包装。堆叠式包装指商品包装的顶部和底部都设有吻合部分，堆叠稳定性强的包装（如罐、盒等），其优点是便于摆设和陈列，如图3-18所示。

（2）挂式包装。凡带有挂钩、吊钩、吊带、挂孔、网兜等装置的包装，都可称为挂式包装，常见的有气泡包装、袋形包装等。这类包装便于悬挂，也可以充分利用货架的空间，增加展卖面积，如图3-19所示。

图3-18 堆叠式包装

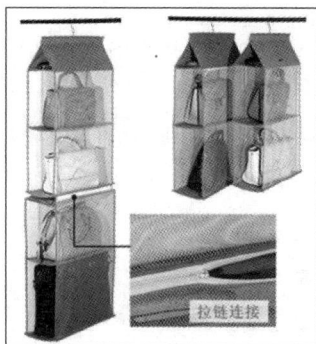

图3-19 挂式包装

2. 便于识别商品类包装

便于识别商品类包装包括透明包装和开窗包装、习惯式包装。

（1）透明包装和开窗包装。透明包装和开窗包装是指利用包装材料的透明特性，使消费者能够直接看到商品的形象、颜色等，充分显示商品本身形态美的包装，如图 3-20 所示。

（2）习惯式包装。习惯式包装是指采用商品习惯的包装造型，使消费者见到包装即可识别商品，如图 3-21 所示。

图3-20 透明包装和开窗包装

图3-21 习惯式包装

3. 便于携带使用类包装

便于携带使用类包装包括携带式包装、易开式包装、喷雾包装、配套包装和礼品包装。

（1）携带式包装。附有提手装置的包装为携带式包装，这类包装携带方便，颇受消费者欢迎，如图 3-22 所示。

（2）易开式包装。易开式包装是指包装封口严密，但标有特定开启部位的包装，其优点是开启安全、使用方便，如图 3-23 所示。

图3-22 携带式包装

图3-23 易开式包装

（3）喷雾包装。喷雾包装是指流体商品的销售包装上带有自动喷出流体的装置。它如同喷雾器，使用相当便利，适用于日常消费品和医药喷洒，如图 3-24 所示。

（4）配套包装。配套包装是指对某些需要搭配销售的商品，往往采用配套包装，即将不同品种、不同规格的商品搭配成套、合成一体的包装，如图 3-25 所示。

（5）礼品包装。礼品包装是指对某些用于送礼的商品，为了包装外表美观和显示礼品的名贵，采用专作送礼用的包装，如图 3-26 所示。

图3-24 喷雾包装

图3-25 配套包装

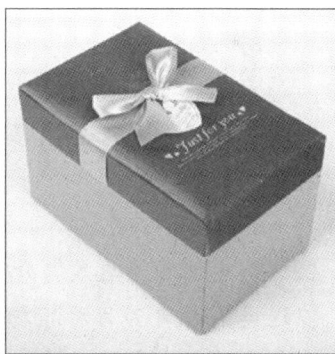

图3-26 礼品包装

🖊 如春在花

包装设计者也应从实际出发，合理设计包装，提倡经济实用、美观大方的包装理念，既要达到包装的功能，又要避免过度包装。

消费者首先要树立绿色消费观，反对资源浪费；其次要倡导朴素、理性的消费观念，培育健康的社会风貌。

经验之谈

商品包装设计中的心理学

1. 求便心理

满足消费者的求便心理可以增加商品的吸引力。例如透明包装和开窗包装便于消费者挑选商品，礼品包装便于消费者使用商品，携带式包装便于消费者携带商品等。

2. 求实心理

商品包装的设计必须能够满足消费者的核心需求，也就是必须有实在的价值。

3. 求新心理

目前，市面上的很多品牌都形成了独特的包装形式。在激烈的商品竞争中，这些品牌考虑到消费者的求新心理，便在基础的包装形式上加以创新改进或者突破自己常规的包装形式，使消费者眼前一亮。

4. 求信心理

有一定知名度的企业会在商品包装上突出厂名、商标等信息，有助于减轻消费者对商品品质的怀疑心理。这样做对于商品和企业的宣传来说一举两得。

5. 求美心理

商品的包装设计是装饰艺术的结晶。精美的包装能激起消费者高层次的社会性需求，深具艺术魅力的包装对消费者而言是一种美的享受，是促使潜在消费者变为显在消费者，变为长久型、习惯型消费者的驱动力量。

6. 求趣心理

人们在紧张的生活中尤其需要轻松和幽默。人们消费心理的多维性和差异性决定了商品包装必须有多维的情感诉求，这样才能吸引特定的消费群体做出购买行为。

7. 求异心理

部分消费者喜欢与众不同，喜欢求异、求奇、求新，极力寻找机会表现自我。以这类消费者为目标市场的商品包装可以大胆配色，在造型上突破传统，在标语中突出"新一代的选择"，以求引导潮流，创造时尚。

活动二　商品销售包装说明

商品销售包装说明往往表现为商品说明书或商品标签。

一、商品说明书

商品说明书是一种以说明为主要表达方式，用平易、朴实、易懂的语言向消费者通俗地介绍商品（包括服务等）的性能、特征、用途、使用和保养方法等知识的文书材料，有时也叫使用说明书。其写作目的是教人以知、教人以用。商品说明书的结构一般由标题、正文、落款 3 部分组成。

1. 标题

商品说明书常见的标题有 3 种。

（1）直接以文种作为标题，如"商品说明书""产品说明书""使用说明书""使用指南"等。

（2）以商品名称作为标题，如"紫光扫描仪"等。

（3）以商品名称 + 文种作为标题，如"步步高 DVD 使用说明书"等。

2. 正文

正文是商品说明书的核心部分。商品不同，需要说明的内容也不同，有的重在说明商品的用法，有的重在说明商品的功能，有的重在说明商品的构造，有的重在说明商品的成分等，千差万别，各有侧重。例如，食品说明书重在说明其成分、使用方法及保质期限，药物说明书重在说明其构成成分、基本效用及用量，电器说明书重在说明其使用和保养方法等。商品说明书一般包括以下几个方面的内容。

（1）概况，如名称、产地、规格、发展史、制作方法等。

（2）性能、用途。

（3）安装和使用方法。

（4）保养和维修方法。

（5）附件、备件及其他需要说明的内容。

3. 落款

落款要写明制造厂家的名称、地址、邮编、E-Mail、电话、传真及商品的生产批号、生产日期、优质级别等。不同的商品说明书，落款包含的内容也有所不同。

经验之谈

商品说明书里的大学问

人们在购买商品时会发现许多商品都附有商品说明书，未附有商品说明书的商品也往往在包装上注明"使用方法"等信息。商品说明书上载有商品的用途、使用条件、使用方法、使用期限、保管和储存应注意的事项，以及该商品的名称、牌号、型号等，这样消费者便可以"按图索骥"，选择自己适用的商品，在购买后再根据说明来正确使用、保管、储存商品。

商品说明书除了指导消费者正确使用、保管、储存商品，还有其法律上的意义。

法律规定了生产经营者负有保证商品内在质量的义务，包括明示担保义务和默示担保义务，而事实上商品说明书便是生产经营者的明示担保义务事项之一，是生产经营者对消费者的一种承诺。

二、商品标签

商品标签是贴在商品上的标志及标贴，包括文字、图形、符号等。与商品包装不同，商品标签是为了区别商品的出处，是专用的；而商品包装是对商品的美化、装饰说明和宣传。商品标签一般附在商品的外部或附在商品包装容器的外部，用来说明商品的材料构成、产地、生产日期、质量保证期、厂家联系方式、产品标准号、条形码、相关的许可证、使用方法等重要的信息。

📇 经验之谈

食品标签

食品标签是指预包装食品容器上的文字、图形、符号以及一切说明物。食品标签的基本功能是通过对被标识食品的名称、配料表、净含量、生产者和（或）经营者的名称、批号、生产日期等进行清晰、准确的描述，科学地向消费者传达该食品的质量特性、安全特性及食用、饮用说明等信息。此外，根据规定，食品标签不得与预包装食品容器分开，食品标签上的一切内容不得在流通环节中变得模糊甚至脱落，食品标签上的所有内容必须通俗易懂、准确、科学。食品标签是依法保护消费者合法权益的重要途径。

📖 案例链接

包装列举

案例一：违反食品标签"应真实、准确"的规定，如图 3-27 所示。

南京板鸭不是鸭肉，是膨化食品；香菇肥牛不是牛肉，是豆制品；泡椒牛板筋，不是牛板筋，是辣条。

《食品安全国家标准　预包装食品标签通则》（GB 7718—2011）规定：预包装食品标签"应真实、准确，不得以虚假、夸大、使消费者误解或欺骗性的文字、图形等方式介绍食品，也不得利用字号大小或色差误导消费者"。

案例二：符合《食品安全国家标准　预包装食品标签通则》规定的食品标签，如图 3-28 所示。

图3-27　违反食品标签的真实准确性原则的商品包装

① 食品名称 ✓
② 配料表 ✓
③ 净含量及规格 ✓
④ 生产者的信息 ✓
⑤ 生产日期、保质期 ✓
⑥ 贮存条件 ✓
⑦ 产品标准代号 ✓
⑧ 食品生产许可证编号 ✓
⑨ 营养成分表 ✓
⑩ 其他（如转基因、辐照等）✓

图3-28　符合食品标签的全面性原则的包装

《食品安全国家标准　预包装食品标签通则》（GB7718—2011）条款4.1.1中的一般要求指出：预包装食品标签"直接向消费者提供的预包装食品标签标示应包括食品名称、配料表、净含量和规格、生产者和（或）经销者的名称、地址和联系方式、生产日期和保质期、贮存条件、食品生产许可证编号、产品标准代号及其他需要标示的内容"。

活动三　商品销售包装技术

商品销售包装技术有3种，即真空包装技术、无菌包装技术、特种包装技术，而特种包装技术又包括充气包装、收缩包装、拉伸包装、脱氧包装，如图3-29所示。

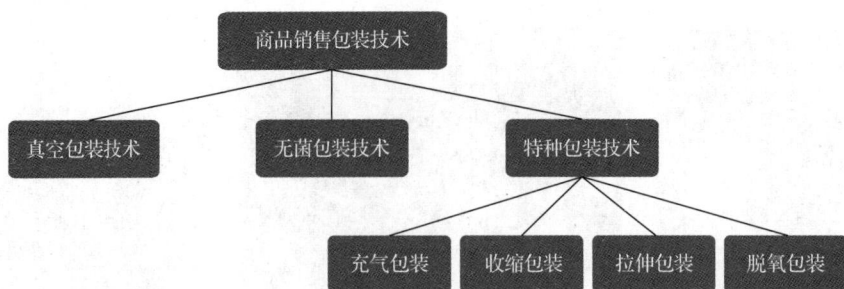

图3-29　商品销售包装技术

一、真空包装技术

真空包装也称减压包装、排气包装，是将物品装入气密性包装容器，抽去容器内的空气，使密封后的容器达到预定真空的包装方法。真空包装既可阻挡外界的水汽进入包装容器，又可防止在密闭着的包装内部存有潮湿空气。真空包装的产品如需再加热杀菌，还利于热量的传递，避免气体膨胀使包装袋破裂或发生胀罐。真空包装不适合包装粉状和液体物品、易碎品、有锐角的物品、易变形的物品、有尖棱角的食品等。

二、无菌包装技术

无菌包装是采用瞬间超高温灭菌技术将商品包装容器材料或包装辅助物灭菌后，在严格密闭状态下的无菌环境中进行充填和封合的一种包装方法。由于在超高温后立即冷却、杀菌、包装一次完成，所以它能较好地保存食品原有的营养和色、香、味，可满足消费者对食品安全、卫生、可口的需求。

三、特种包装技术

特种包装技术包括充气包装技术、收缩包装技术、拉伸包装技术与脱氧包装技术。

（一）充气包装技术

充气包装技术是根据好氧性微生物需氧代谢的特性，用二氧化碳气体或氮气等不活泼气体置换包装容器中空气的一种包装技术，因此也称为气体置换包装。其原理是通过降低氧气的浓度，抑制微生物的生理活动、酶的活性和鲜活商品的呼吸强度，达到防霉、防腐和保鲜的目的。

（二）收缩包装技术

收缩包装技术是将经过预拉伸的塑料薄膜套货袋包裹在被包装商品的表

面，以适当的温度加热塑料薄膜套质袋，使其在长度和宽度方面产生急剧收缩，紧紧地包裹住商品的一种包装技术。收缩包装技术广泛应用于销售包装，是一种很有发展前途的包装技术。

（三）拉伸包装技术

拉伸包装技术是由收缩包装技术发展而来的。拉伸包装技术是依靠机械装置在常温下将弹性薄膜围绕被包装件拉伸紧裹，并在其末端进行封合的一种包装技术。拉伸包装技术可用于捆绑单件物品，也可用于托盘包装之类的集合包装。

（四）脱氧包装技术

脱氧包装技术是继真空包装技术和充气包装技术之后出现的一种新型除氧包装技术。脱氧包装技术是在密封的包装容器中使用，除去包装容器中的氧气，以达到保护内装物的目的的一种包装技术。脱氧包装技术适用于某些对氧气特别敏感的物品，如有微量氧气就会促使品质变坏的食品。

答疑解惑

针对"职场情境"中李凌提出的问题，解答如下。

独特、新颖的巧克力包装给实训基地带来了不错的销售量和盈利率，李凌认为商品包装是一个无声的推销员。

在学习了商品销售包装的相关知识后，李凌懂得，商品销售包装形式包括便于陈列展销类包装、便于识别商品类包装和便于携带使用类包装。每种包装形式都有其特点，适合包装的商品也不同。只有掌握商品销售包装技术，才能更好地进行商品包装。

另外，李凌学习商品设计心理学后，认识到商品设计的重要性。看来一款商品热销是有原因的，其背后隐藏的许多秘密和价值等待着我们去发掘。我们在注重包装设计的同时，也应注意节约资源、合理设计，避免浪费。

项目实训

✕ 任务背景

李凌所在的中等职业学校有一家校园便利店，该便利店是连锁经营与管理专业的校内实训基地。学校近期开展了助农活动，现需要学生们将出售的助农产品进行包装。为了锻炼学生们的商品包装能力，教师决定将便利店的商品包装任务交给连锁经营与管理专业的学生负责。

✖ 任务要求

以小组讨论的形式，上网查找资料，请教相关工作人员，想一想在商品包装的过程中需要解决哪些问题，并填写表3-3。

表3-3 便利店商品包装

商品	包装材料选择	包装技巧
大米		
竹荪		
蓝莓		
食用油		
面粉		

💬 任务评价

评价项目		得分
教师评价	能够选择正确的包装材料并熟练地进行商品运输包装（40分）	
	能够对商品销售包装提出改良建议（20分）	
学生互评	对小组成果的贡献度（40分）	
合计		

温故知新

一、单选题

1. 相比商品销售包装，商品运输包装（　　）。
   A. 重装潢　　　B. 重装饰　　　C. 重防护　　　D. 重流通

2. 标志图形""属于（　　）标志。

A. 收发货 B. 储运图示 C. 危险货物 D. 生产包装

3. 标志图形"交电"属于（ ）标志。

A. 收发货 B. 储运图示 C. 危险货物 D. 生产包装

4. 下列选项中，（ ）与包装的各种功能密切相关，特别是与保护功能关系密切。

A. 包装技术 B. 包装材料 C. 记号商标 D. 组合商标

5. 下列商品包装中属于商品销售包装的是（ ）。

A. 箱包装 B. 袋包装 C. 集合包装 D. 礼品包装

6. 在食品、药品销售中，主要用的销售包装是（ ）。

A. 箱包装 B. 袋包装 C. 习惯式包装 D. 礼品包装

7. 高级服装、内衣、毛衣适用的包装方式是（ ）。

A. 分散包装 B. 配套包装
C. 组合包装 D. 透明包装和开窗包装

8. 下列不属于玻璃包装材料优点的是（ ）。

A. 价格低 B. 易于回收 C. 密封性好 D. 耐冲击

二、多选题

1. 过度包装的表现形式有（ ）。

A. 材料过当 B. 体积过大 C. 分量过轻 D. 装潢过奢

2. 商品包装材料的主要功能有（ ）。

A. 保护功能 B. 加工操作功能
C. 外观装饰功能 D. 方便使用功能

3. 环保包装的特点主要体现在（ ）。

A. 节省资源 B. 包装材料可循环利用
C. 节省能源 D. 包装材料可降解

4. 商品销售包装按形式和作用的不同，可分为（ ）。

A. 便于陈列展销类包装 B. 便于识别商品类包装
C. 便于携带使用类包装 D. 防破损保护类包装

5. 下列包装中属于商品运输包装的是（ ）。

A. 集装箱 B. 透明包装 C. 托盘 D. 礼品包装

三、判断题

1. 商品包装材料是商品包装的物质基础。（ ）

2. 商品包装材料可任意选择，无须遵循任何原则。（ ）

3. 塑料包装材料是指各种以塑料制成的包装的总称。（ ）

5. 塑料包装材料主要有塑料桶、塑料软管、塑料盒、塑料瓶等。（　　　）

6. 塑料包装材料具有质轻、透明、防渗漏等优点。（　　　）

7. 塑料很容易降解，对环境基本没有污染。（　　　）

8. 商品运输包装标志便于人们识别商品。（　　　）

四、简答题

1. 商品销售包装和商品运输包装在功能上有何区别？

2. 常用的商品包装材料有哪些？各自有什么特点？

项目四

商品检验

职场情境

就要过春节了，李凌准备给父母买些礼物。思前想后，他决定给父亲买些茶叶，春节期间吃的油腻，可以喝茶解油腻；给母亲买条丝巾，春节期间天气越来越暖和，母亲走亲访友时用得着。可是李凌来到茶叶店，看到琳琅满目的商品，却无从选择。茶叶五花八门，有的铁盒外还有纸盒，包得里三层外三层；有的铁盒套铁盒，包裹得很严实；有的只是简单的锡纸袋包装。李凌眼花缭乱，不知如何挑选。他心想，先去看丝巾吧。李凌来到附近的丝巾专卖店，更不知如何挑选了，丝巾的式样太多了。李凌想到在商品学课程里学的知识，这些商品的包装花样繁多，质量怎么样呢？李凌想：一定要解决了这个问题，再安心、放心、舒心地给父母买春节礼物。于是李凌带着这些疑问，借助网络平台搜索相关信息，并和商品学老师进行探讨，开始寻找鉴别丝巾质量的方法。

学习目标

知识目标
- 说出商品检验的内容。
- 知道商品检验的分类。
- 知道抽样的概念和原则。
- 可以说出商品检验的3种方法。

能力目标
- 能够区分商品检验的类别。
- 能够判定商品适合采用哪种抽样形式。
- 通过实训任务，培养小组合作能力。

素质目标
- 通过对商品检验分类和方法的了解，增强诚信意识。
- 通过对商品检验知识的了解，增强遵纪守法的意识。

思维导图

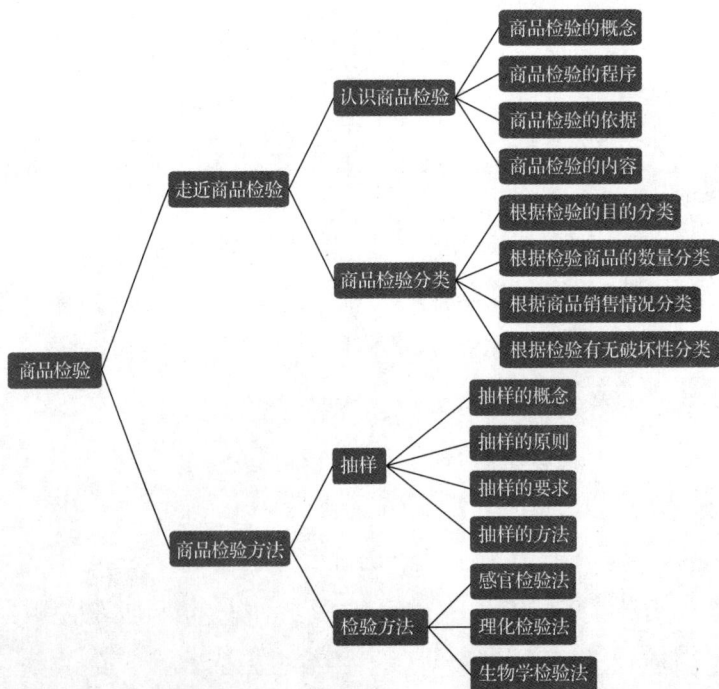

任务一　走近商品检验

任务描述

李凌认真学习了商品质量、标准和包装后，结合自己的生活和购物经验，想到了商品的检验问题。什么是商品检验？商品检验有哪些分类？

👤 活动一　认识商品检验

一、商品检验的概念

商品检验是指商品的供货方、购货方或第三方在一定条件下，借助某种手段和方法，按照合同、标准或国内外有关法律、法规、惯例，对商品的质量、规格、数量、包装、安全及卫生等方面进行检查，并做出合格与否或通过验收与否的判定并出具各种有关证书的业务活动。

商品检验的目的是确定商品的质量，而准确地判断商品质量的意义是多方面的。在很多情况下，商品质量检验是对商品质量进行控制和管理的一种主要的有效手段。

商品质量检验是商品检验的核心内容，因此狭义的商品检验就是商品质量检验。

商品检验在对外贸易中也被称为商品鉴定，商品检验和商品鉴定本质上是一样的，前者重于判断，而后者重于对商品的评价。

二、商品检验的程序

下面重点介绍商品检验的一般程序和进出口商品检验的工作流程。

（一）商品检验的一般程序

商品检验的一般程序即商品质量检验的工作程序，通常包括以下内容：定标—抽样—检查—比较—判定—处理。定标是指检验前根据合同或标准的要求，确定检验手段和方法以及商品合格的判断原则，制订商品检验计划的工作；抽样是按上述计划随机抽取样品，使样本对商品批总体具有充分代表性（全数检验不存在抽样问题），以备检验的过程；检查是在规定的条件下，用规定的实验设备和检验方法检测样品的质量特性；比较是将检查的结果同要求进行比较，衡量其结果是否合乎质量要求；判定是指依据比较的结果，判定样品合格数量或质量状况，进而由批合格判定原则判定商品批是否合格；处理是根据样本的质量进而判断商品批是否合格，反馈质量信息，并对不合格品及不合格批分别做出处理。商品检验的一般程序如图4-1所示。

定标 → 抽样 → 检查 → 比较 → 判定 → 处理

图4-1　商品检验的一般程序

（二）进出口商品检验的工作流程

我国进出口商品检验工作流程主要有4个环节，如图4-2所示。

接受报检 → 抽样与制样 → 检验 → 签发证书

图4-2　进出口商品检验的工作流程

1. 接受报检

报检是指对外贸易关系人向商检机构报请检验，报检范围内属于法定检验和公证检验业务范畴的商品。报检时，对外贸易关系人需填写"报检申请单"，写明申请检验、鉴定工作项目和要求，同时提交对外所签买卖合同、成交小样及其他必要的资料，如进口单据（国外发票、运单、提单、检验记录、进口到货情况通知单等）或出口单据（信用证、许可证）等。

2. 抽样与制样

样品的抽取工作是进出口商品检验的基础，必须按规定的方法，在规定的场地，从整批完整的包件中或生产线上随机抽取，以保证样品的真实性和代表性。抽取的样品应妥善保管，以确保检验与复验的真实性。制样有物理制样、化学制样等方式，为使用仪器设备检测做准备。科学的制样是保证检验正确的一个重要环节。

3. 检验

商检机构应认真研究申报的检验项目，确定检验内容，仔细审核合同（信用证）的品质、规格、包装的规定，弄清检验的依据，确定检验标准、方法。检验鉴定项目一般包括被检商品的外观、内在质量及包装重量等，方法有感官检验、理化检验和生物检验等。

4. 签发证书

在出口方面，凡列入《出入境检验检疫机构实施检验检疫的进出境商品目录》的出口商品，经商检机构检验合格后签发放行单（或在"出口货物报关单"上加盖放行章，以代替放行单）。凡合同、信用证规定由商检部门检验出证的，或国外要求签检验证书的，根据规定签发所需封面证书；不向国外提供证书的，只发放行单。《出入境检验检疫机构实施检验检疫的进出境商品目录》以外的出口商品，应由商检机构检验的，经检验合格发给证书或放行单后，方可出运。在进口方面，进口商品经检验后，分别签发"检验情况通知单"或"检验证书"，供对外结算或索赔用。

三、商品检验的依据

商品检验是一项科学性、技术性、规范性较强的复杂工作。为了体现商品检验的科学性、公正性和权威性，应根据具有法律效力的商品质量法规、商品标准及购销合同等开展商品检验工作。商品检验的依据如下。

（一）商品质量法规

国家有关商品质量的法律、法令、条例和规定等体现了国家对商品质量的要求。商品质量法规是国家组织管理、监督和指导商品生产和商品流通，调整经济关系的准绳，是保障国家和交易各方合法权益的法律依据，具有足够的权威性、法制性和科学性，是各部门共同行动的准则，也是商品检验活动的重要依据。质量法规包括商品检验管理法规、产品质量责任制法规、计量管理法规、生产许可证及产品质量认证管理法规等。

（二）商品标准

商品标准是国家标准化组织对商品质量做出的统一技术规定、技术规范，对商品的结构、规格、质量要求、实验检验方法、验收规则、计算方法等均做了统一规定，是生产、检验、验收、使用、洽谈贸易的技术规范，也是商品检验的主要依据，它对保证检验结果的科学性和准确性具有重要意义。

（三）购销合同

购销合同是供需双方约定的质量要求，必须共同遵守。一旦发生质量纠纷，购销合同的质量要求即为仲裁、检验的法律依据。购销合同必须符合《中华人民共和国民法典》合同编的要求。

四、商品检验的内容

商品检验一般包括质量检验、数量和重量检验、包装质量检验、卫生检验和安全性能检验等。

（一）质量检验

质量检验也称品质检验，是应申请人的要求，根据合同或有关标准，运用各种检验手段，包括感官检验、物理检验、化学检验、生物学检验等，对商品的品质、规格、等级等进行的检验，目的在于确定其是否符合贸易合同（包括成交样品）、标准等的规定。

质量检验的范围很广，大体上包括外观质量检验与内在质量检验两个方面。外观质量检验主要是对商品的外形、结构、花样、色泽、气味、触觉、疵点、表面加工质量、表面缺陷等的检验；内在质量检验一般指有效成分的种类、含量，有害物质的限量，商品的化学成分、物理性能、机械性能、工艺质量、使用效果等的检验。

📖 **案例链接**

检出速冻鲜椰子肉未获检验检疫准入

2021 年 1 月，海口海关所属洋浦经济开发区海关对一批申报原产国为印度尼西亚的速冻鲜椰子肉（见图 4-3）实施查验时，经详查海关总署植物源性食品准入名单，来自印度尼西亚的速冻鲜椰子肉（见图 4-3）未获准入，后续对该批货物进行退运处理。

图4-3　速冻鲜椰子肉

来源：公众号"海口海关 12360"

（二）数量和重量检验

数量和重量检验是对商品的个数、长度、面积、体积、容积、重量等进行的检验。

数量检验是按照发票、装箱单或尺码明细单等规定，对整批商品进行逐一清点，检验其实际数量。

重量检验就是根据合同规定，采用不同的计量方式，计量出不同商品的准确重量。

商品数量和重量的多少与其质量的优劣一样，直接关系到买卖双方的经济利益。

（三）包装质量检验

包装质量检验是根据购销合同、标准和其他有关规定，对商品的内外包装及包装标志进行的检验，主要包括以下几点。

（1）包装是否合乎国家、地方政府、行业主管部门的有关规定，以及双方合同的规定。

（2）销售包装是否标明了国家、地方政府、行业主管部门规定必须检验的内容，以及双方合同规定的内容。例如，预包装食品、化妆品、服装、家用电器等商品，国家都有相应的标准，规定了其运输包装、销售包装应该标注的内容。

（3）包装是否完好无损，包装材料、包装方式和衬垫物等是否符合合同的规定要求，对外包装破损的商品要另外进行验残，查明货损责任方以及破损程度。对发生残损的商品要检查其是否由于包装不良所引起。如有破损、渗漏、变形、发霉、受潮、水浸、雨淋等问题，要按规定处理。

（4）包装的数量是否正确。对于大多数代销商品，多数商业企业不需要打开包装进行检验。对于价值大的、购销的商品，很多企业要求必须逐件打开包装检验签收。

（5）对出口商品的包装检验，除包装材料和包装方法必须符合外贸合同标准规定外，还应检验商品内外包装是否牢固、完整、干燥、清洁，是否适于长途运输和确保商品质量、数量。

（四）卫生检验

卫生检验主要是根据《中华人民共和国食品安全法》《化妆品监督管理条例》《中华人民共和国药品管理法》等法规对食品、药品、食品包装材料、化妆品、玩具、纺织品、日用器皿等进行的卫生检验，检验其是否符合卫生条件，以保障人民健康和维护国家信誉。例如，《中华人民共和国食品安全法》规定：食品，食品添加剂，食品容器、包装材料，食品用工具、设备等，必须符合国家卫生标准、卫生管理办法的规定。

（五）安全性能检验

安全性能检验是根据国家规定和外贸合同、标准以及进口国的法令等要求，对商品有关安全性能方面的项目进行的检验，如易燃、易爆、易触电、易受毒害、易受伤害等，以保证生产使用和生命财产的安全。目前，除进出口船舶及主要船用设备材料和锅炉及压力容器的安全监督检验，根据国家规定分别由船舶检验机构和劳动部门的锅炉、压力容器安全监察机构负责监督检查外，其他进出口商品涉及安全性能方面的项目，由商检机构根据有关规定和要求进行检验，以维护人身安全，确保经济财产免遭侵害。

📖 **案例链接**

检验检测促进经济社会创新发展优秀案例

国家市场监督管理总局公布了 50 个检验检测促进经济社会创新发展优秀案例。这里选取两个优秀案例。

案例一：严把高原内电双源动车组质量关，助力复兴号开上"世界屋脊"

国家铁路产品质量检验检测中心依托轨道交通全领域检验检测平台，构建从零部件到整车、从固定设施到移动设备全覆盖的铁路技术装备检验检测体系，通过动车组产品关键零部件检验检测、整车型式试验，运用考核、解体检查等系列化质检手段，为各类高铁动车组从正式上线到稳定运行提供全领域专业技术服务和质量保障。针对高原内电双源动车组高海拔、西部地区、长大隧道等各类复杂运行环境，加强检验检测技术创新，结合高原产品特点，量身定制试验方案、试验工装、陪试设备等，严把产品质量关，为拉林铁路顺利开通和复兴号上线运行做出重要贡献。

案例二：创新技术管理，支撑 5G 发展

国家无线电监测中心检测中心紧紧围绕我国 5G 发展的国家重大战略部署，在国际标准尚未完善、设备指标和测试方法未完全确定的情况下，通过与国内 5G 设备制造企业紧密协作，进行大量的实验验证，为我国政府的 5G 频谱划分和指配、技术指标出台奠定坚实基础。依托多年射频测试与系统集成经验，在技术上积极创新，以多家国产 5G 综合测试仪为核心，完成 5G 射频测试自动化环境的搭建工作，测试时间缩短三分之二，进一步完善了我国无线电设备型号核准测试技术手段，保证了 5G 通信设备对频谱资源的科学、有序、高效利用，保障 5G 通信产业健康、有序发展。

🪣 **学以致用**

质量、规格、重量、数量、包装，哪些属于商品检验的内容？

👤 活动二　商品检验分类

一、根据检验的目的分类

根据检验目的的不同，商品检验通常可分为生产检验、验收检验和第三方检验 3 种。

（一）生产检验

生产检验又称第一方检验、卖方检验，是由生产企业或其主管部门自行设立的检验机构，对所属企业的原材料、半成品和成品进行的自检活动。其目的是及时发现不合格产品，保证质量，维护企业信誉。经检验合格的商品应有"检验合格证"标志。

（二）验收检验

验收检验又称第二方检验、买方检验，是由商品的买方为了维护自身及其顾客利益，保证所购商品符合标准或合同要求所进行的检验活动。其目的是及时发现问题，反馈质量信息，促使卖方纠正或改进商品质量。在实践中，商品的买方还常派"驻厂员"，对商品质量形成的全过程进行监督，对发现的问题，及时要求卖方解决。

（三）第三方检验

第三方检验又称公正检验、法定检验，是由处于买卖利益之外的第三方（如专职监督检验机构），以公正、权威的非当事人身份，根据有关法律、标准或合同所进行的商品检验活动，如公证鉴定、仲裁检验、国家质量监督检验等。其目的是维护各方面合法权益和国家权益，协调矛盾，促使商品交换活动的正常进行。

二、根据检验商品的数量分类

根据检验商品数量的不同，商品检验可分为全数检验、抽样检验和免于检验。

（一）全数检验

全数检验又称全额检验、百分之百检验，是对整批商品逐个（件）地进行的检验。其特点是能提供较多的质量信息。其缺点是检验量大，费用高，检验人员会因疲劳而漏检或错检。

（二）抽样检验

抽样检验是按照已确定的抽样方案，从整批商品中随机抽取少量商品用作逐一测试的样品，并依据测试结果去推断整批商品质量合格与否的检验。它具有占用人力、物力和时间少的优点，具有一定的科学性和准确性，是比较经济的检验方式。

（三）免于检验

免于检验即对于生产技术水平高和检验条件好、质量管理严格、成品质量长期稳定的企业生产出来的商品，在企业自检合格后，商业企业和进出口公司可以直接收货，免于检验。

三、根据商品销售情况分类

根据商品内、外销售情况，商品检验分为内销商品检验和进出口商品检验两种。

（一）内销商品检验

内销商品检验是指国内的商品经营者依据国家法律、法规、合同、标准对内销商品进行的检验活动，一般包括以下几种情况。

（1）工厂签证，商业免检。工厂生产出来的产品经工厂检验部门检验签证后，销售企业可以直接进货，免于检验程序。该形式多适用于生产技术条件好、工厂检测手段完善、产品质量管理制度健全的生产企业。

（2）商业监检，凭工厂签证收货。商业监检是指销售企业的检验人员对工厂生产的半成品、成品及包装，甚至原材料等，在工厂生产全过程中进行监督检验，销售企业可凭工厂检验签证验收。该形式适用于比较高档的商品质量检验。

（3）工厂签证交货，商业定期不定期抽验。对于某些工厂生产的质量稳定的产品、质量信得过的产品或优质产品，一般是工厂签证后便可交货。但为确保质量，销售企业可采取定期不定期抽验的方法。

（4）商业批检。商业批检是指销售企业对厂方的每批产品都进行检验，否则不予收货。此种检验形式适用于质量不稳定的产品。

（5）行业会检。对于多个厂家生产同一种产品，在同行业中由工商联合组织行业会检。一般是联合组成产品质量评比小组，定期或不定期地对行业产品进行检验。

（6）库存商品检验。库存商品检验是指仓储部门对贮存期内易发生质量变化的商品所进行的定期检验，其目的是及时掌握库存商品的质量变化情况，达到安全贮存的目的。

（二）进出口商品检验

进出口商品检验是指对于进口或出口商品的检验，根据进出口商品检验的性质和作用不同，又可以分为法定检验、鉴定检验和监督检验。

1. 法定检验

法定检验是根据国家法令规定，对指定的重要进出口商品执行强制性检验。其方法是根据买卖双方签订的经济合同或标准进行检验，对合格商品签发检验证书，作为海关放行凭证。未经检验或检验不合格的商品，不准出口或进口。

法定检验的目的是保证我国出口商品的质量、安全、卫生等符合法律、法规、标准的规定，符合贸易契约的规定及国际市场的要求，提高经济效益，提高我国商品在国际上的信誉，扩大出口；监督管理进口商品的质量符合我国的法律、法规、规定和贸易契约的质量标准，防止次品、劣品及有害的商品进入我国。

法定检验的范围包括：商检部门根据对外贸易法规的需要制定、调整、公布的商检机构实施检验的进出口商品种类表内的商品，即种类表商品；其他法律、行政法规规定的需要经商检机构检验的进出口商品，属于国际性的强制性检验的商品，如危险品的包装等。

法定检验的内容主要包括商品的质量、规格、重量、数量、包装，以及商品的卫生安全项目。

另外，依据法律法规的规定，经过对商品的检验及对生产质量体系的考核，证明其出口商品符合进出口商品免检条件的，商检部门可以给予特准免检。

2. 鉴定检验

鉴定检验是不带强制性的，完全根据对外贸易关系人的申请，接受办理的各项鉴定业务检验。商品检验机构以非当事人的身份和科学公正的态度，通过各种手段检验与鉴定各种进出口商品是否符合贸易双方鉴定的合同要求或国际上的有关规定；得出检验与鉴定结果、结论，或是提供有关数据，以便签发证书或其他有关证明等。

进出口商品鉴定检验以前称为对外贸易的公证鉴定业务检验，是商检法规定的一种进出口商品检验业务。该检验的性质是根据对外贸易关系人的申请，办理与对外贸易业务有关的鉴定业务检验。对外贸易关系人是指与对外贸易有关的部门或个人，如买方、卖方、承运人、保险人、装卸部门等。

鉴定检验包括两大部分：一般的鉴定检验包括对进出口商品的质量、数量、包装、运载工具等的检验；国家规定必须申请的鉴定业务，主要是国际贸易中对外贸易关系人根据自己的需要申请以外，按照有关国家规定、发布、公告规定提出的检验项目，我国对有些商品的检验项目的规定是必须申请。

3. 我国进出口商品检验鉴定项目

我国进出口商品检验鉴定项目包括品质检验、安全卫生检验、重量鉴定、进出口商品的包装检验、残损鉴定、集装箱检验、货物衡量、监装监卸、财产鉴定等。

（1）品质检验。品质检验是指根据对外贸易合同、标准和技术条件，利用仪器、设备、试剂、药品等，对商品的外观、规格、内在质量，包括化学成分、构造、性能、安全卫生条件等进行检验和分批测试鉴定。

（2）安全卫生检验。安全卫生检验是指对有关安全卫生项目的进出口商品进行检验，检验检疫机构除了严格按照对外贸易的合同检验以外，还会根据国家的法律、法规、规定检验把关，对进口商品根据贸易合同和我国有关卫生、安全的法律、法规进行检验。进口食品应当提供输出国（地区）所使用的农药、添加剂、熏蒸剂等有关资料和检验报告。海关凭国家卫生监督检验机构的证书放行。

（3）重量鉴定。重量鉴定是一种对进出口商品重量的测定。重量鉴定工作有4种方式：衡器计重、水测计重、容量计重、流量计重。

（4）进出口商品的包装检验。进出口商品的包装检验包括对销售包装、运输包装的检验，危险品包装则要进行强制性检验。主要涉及的安全性能指标有密封性、抗压性、不能破漏等。

（5）残损鉴定。由于客观或主观的原因造成货物的残损或短少，需要赔偿的，检验部门要找出原因，出具检验报告。

（6）集装箱检验。集装箱检验主要是对集装箱货物的装载或箱体本身的清洁情况进行检验。

（7）货物衡量。货物衡量主要是对货物的体积进行衡量和丈量，计算货物在运输当中所占的重量和体积，以便承运人计算运输费用。

（8）监装监卸。监装监卸主要是对货物的装载和卸载进行监视，即在装卸现场要有专职人员对重要的商品、问题多的商品进行重点监督。

（9）财产鉴定。财产鉴定是指根据商检法实施条例的规定和有关部门联合下达的规章制度，开展外商投资的财产鉴定。

经验之谈

法定检验商品以外进出口商品抽查检验

1. 法定检验商品以外进出口商品抽查检验

法定检验商品以外进出口商品抽查检验，是指根据《中华人民共和国进出口商品检验法》及其实施条例的规定，对法定检验商品以外的进出口商品实施抽查检验。

2. 与"法定检验"的区别

"法定检验"是指根据《中华人民共和国进出口商品检验法》及其实施条例的规定，海关对列入必须实施检验的进出口商品目录的进出口商品以及法律、行政法规规定须经海关检验的其他进出口商品实施检验。

案例一：检出以锂电池名义进口的固体废物

海口海关所属洋浦港海关对某公司申报的一批品名为锂电池的进口货物实施查验时发现，该批货物型号、尺寸、外形和包装不一，部分电池有生锈、变形鼓包、漏液、腐蚀烧黑等问题，存在较高的固体废物风险，随后取样送实验室进行固体废物属性鉴别。经实验室检测，该批货物属于国家禁止进口的固体废物，已移交至相关部门进行后续处置。图4-4所示为以锂电池名义进口的固体废物。

图4-4 以锂电池名义进口的固体废物

案例二：退运不合格进口灯具

海口海关所属三亚海关对某公司进口的吊灯、台灯实施查验时，核实该批灯具在3C认证产品目录内，且不属于免于办理强制性产品认证产品，有明显使用过的痕迹，收货人无法提供相关3C认证证书，经协商实施退运处理。

来源：公众号"海口海关12360"

四、根据检验有无破损性分类

根据检验有无破损性，商品检验可分为破损性检验和非破损性检验。

（一）破损性检验

破损性检验是指为了对商品进行各项技术指标的测定、试验，经测定、试验后的商品会遭受破损，甚至再无法使用的检验，如加工食品罐头、饮料及茶类等的检验。

（二）非破损性检验

非破损性检验是指经过检验的商品仍能发挥其正常使用性能的检验，如对电器类、纺织品类等的检验。

📑 **经验之谈**

商品检验的作用

（1）作为报关验放的有效证件。

（2）买卖双方结算货款的依据。

（3）计算运输、仓储等费用的依据。

（4）办理索赔的依据。

（5）计算关税的依据。

（6）作为证明情况、明确责任的证件。

（7）作为仲裁、诉讼举证的有效文件。

📝 **如春在花**

做什么事情都要诚实守信，都要遵纪守法。生产的商品有信誉保证、有质量保证，才能安全通过检验，才能有更好的口碑，才能有更长远的发展。买卖商品有诚信，才能不断地招揽顾客，吸引回头客，才能有更好的经济效益。

任务二　商品检验方法

任务描述

李凌通过学习了解了什么是商品检验和商品检验的分类后，又有了疑问：商品五花八门、大小不一、品类多样，不同的商品都是怎样进行检验的呢？

👤 活动一　抽样

一、抽样的概念

商品检验方法有全数检验与抽样检验两种。

（一）全数检验

全数检验即检查全部商品，操作起来较费时费力，批量较小、价值较高的商品大多采用全数检验方法。在日常生活中，抽样检验更为常见。

（二）抽样检验

抽样检验又称拣样或取样检验，是指根据合同或标准所确定的方案，从被检批商品中抽取一定数量的有代表性的单位商品用于检验的过程。

被检批商品应为同一来源、同质的商品，通常以一个订货合同为一批，若同批质量差异较大或订货量很大或连续交货，也可分为若干批。

抽样检验涉及的基本概念有单位商品、批量、样品、样本和样本量等。

（1）单位商品是指因实施抽样检验需要而划分的基本商品单位，如单个商品、一对商品、一组（或套、袋、垛）商品、一定长度（或面积、体积、重量等）的商品等，其划分形式有自然划分和人工划分两种。

（2）批量是指被检批商品中单位商品的数量，常用 N 来表示。批量由商品特点和生产、流通条件决定。体积小、质量稳定的商品，批量可以大些；反之，批量可以小些。

（3）样品是指从被检批商品中抽取进行检验的单位商品。

（4）样本是指样品的全体。

（5）样本量又称样本大小，是指样本所包含的单位品数量，常用 n 来表示。

例如，要从 1 000 千克的花生中抽取 10 千克进行抽样检验，则单位商品为 1 千克花生，批量（N）为 1 000，样品为所抽取 10 千克中的 1 千克花生，样本为 10 千克花生，样本量（n）为 10。

学以致用

长 100 米的毛线，现需抽取 5 米进行检验，那么单位商品、样品和样本分别是什么？批量和样本量分别是多少？

二、抽样的原则

抽样应遵循代表性原则、典型性原则与适时性原则。

（一）代表性原则

代表性原则要求样品必须具备整批商品的共同特性，以使鉴定结果能成为代表整批商品质量的依据。

（二）典型性原则

典型性原则要求样品能反映整批商品在某方面的重要特征，能发现某种情况对商品质量造成的重大影响，如食品的变质、污染，掺杂、假冒伪劣等方面的鉴别。

（三）适时性原则

适时性原则要求对成分、含量、性能和质量等容易随时间的推移而发生变化的商品，适时抽样进行检验。例如，水果和蔬菜中各类维生素含量、农药或杀虫剂残留量等，应在水果和蔬菜新鲜时进行检验。

三、抽样的要求

抽样要求关注抽样容器的选择、外地调入商品抽样前的注意事项、抽样部位和抽样数量、抽样记录、抽样样品的保存等方面。

（一）抽样容器的选择

抽样应当依据抽样对象的形态、性质，合理选用抽样工具及样品容器。抽样工具与样品容器必须洁净，不含被检验成分，进行微生物检验的样品应无菌操作。

（二）外地调入商品抽样前的注意事项

外地调入商品抽样前应检查有关证件，如商标、运货单及质量鉴定证明等，然后检查外表，包括检查包装、起运日期、整批数量及产地、厂家等情况。

（三）抽样部位和抽样数量

按各类商品的抽样要求抽样，注意抽样部位分布均匀，每个抽样部位的抽样数量保持一致。

（四）抽样记录

抽样时应记录抽样单位、地址、仓位、车间号、日期、样品名称、样品批号、样品数量及抽样者姓名等内容。

（五）抽样样品的保存

抽样的样品应妥善保存，保持样品原有的品质特征。

四、抽样的方法

抽样的目的在于用尽量小的样本所反映的质量状况来统计、推断整批商品的质量。因此，用什么方法抽样对准确判定整批商品的平均质量十分重要。

为保证样品和样本对整批商品质量状况的代表性，在进行抽样时，普遍采用的是随机抽样法，即在被检批商品中每一件商品都有同等机会被抽取的方法。采用这种方法抽取样品的机会，不受任何主观意志的控制，抽样者按照随机的原则，以完全偶然的方式抽取样品，因此比较客观，适用于各种商品各种批量的抽样。随机抽样法主要有简单随机抽样、分层随机抽样和系统随机抽样3种形式。

1. 简单随机抽样

简单随机抽样又称单纯随机抽样，是指整批同类商品不经过任何分组划类和排序，按照随机原则抽取样品的抽样形式。简单随机抽样的优点是符合随机的原则，可避免检验员主观意志的影响，是最基本的抽样方法，是其他复杂的随机抽样方法的基础；缺点是当批量较大时，使用不方便。简单随机抽样通常用于批量不大的商品，操作时将同批中各单位商品编号，利用抽签或随机表抽样。

2. 分层随机抽样

分层随机抽样是先将一批同类待检商品按某一分类标志划分为若干部分，然后从每一部分中随机抽取若干等量试样，合在一起组成一个样本。这种方法尤其适用于批量较大且质量也可能波动较大的或来自不同生产线的商品。分层随机抽样的样本有很好的代表性，是目前使用得较多的一种抽样方法。

例如，有一批零件共有 10 000 个，是由某厂甲、乙、丙 3 条生产线生产加工出来的产品，其中甲生产线的产品 5 000 个，乙生产线的产品 3 000 个，丙生产线的产品 2 000 个，抽取样本 500 个进行检验。采用分层随机抽样的形式抽取样本，计算过程如下。

甲生产线抽取样本：500×5 000/10 000=250（个）

乙生产线抽取样本：500×3 000/10 000=150（个）

丙生产线抽取样本：500×2 000/10 000=100（个）

该批商品抽样的样本总量：250+150+100=500（个）

3. 系统随机抽样

系统随机抽样是按照一定的规律从整批商品中抽取样品的方法。其具体的做法是：先对整批商品进行编号，然后任选一个数字为抽样的基准号码，再按照事先定好的规则推算出应抽取商品样品的编号，以确定并抽出全部样品。

🧑 活动二　检验方法

商品质量检验的方法很多，通常分为感官检验法、理化检验法、生物学检验法等几个方面。

一、感官检验法

（一）感官检验法的概念

感官检验法是借助人的感觉器官的功能和实践经验来检测评价商品质量的一种方法，也就是利用人的眼、鼻、舌、耳、手等感觉器官作为检验器具，结合平时积累的实践经验，对商品外形结构、外观疵点、色泽、声音、气味、滋味、弹性、硬度、光滑度、包装等的质量情况，以及对商品的种类、规格、性能等进行识别。

（二）感官检验法的类型

感官检验法的类型主要有视觉检验法、嗅觉检验法、味觉检验法、听觉检验法、触觉检验法。感官检验法的类型如表 4-1 所示。

表4-1　感官检验法的类型

类型	方法描述	应用范围	注意事项	举例
视觉检验法	视觉检验法是用视觉来检查商品的外形、结构、颜色、光泽及表面状态、疵点等质量特性的检验方法	凡是能直接用肉眼分辨质量指标的商品，都可以使用这种检验方法	由于外界条件如光线、环境以及检验人员的生理、心理和专业能力会影响视觉检验效果，所以，视觉检验法必须在标准照明条件下和适宜的环境中进行，并且应对检验人员进行必要的挑选和专门的训练	茶叶的外形、叶底，水果、蔬菜的颜色等
嗅觉检验法	嗅觉检验法是通过嗅觉检查商品的气味，进而评价商品质量的检验方法	广泛应用于食品、药品、日用化学制品等商品的质量检验，并且对于鉴别纺织纤维、塑料等燃烧后的气味差异也有重要意义	在检验中，应避免检验人员的嗅觉器官长时间与强烈的挥发物质接触；检验的顺序也应从气味淡向气味浓的方向进行，并注意采取措施防止串味等	鉴别香料、香水气味等
味觉检验法	味觉检验法是利用人的味觉来检查有一定滋味要求的商品（如食品、药品等）	适用于检验食品、药品等	一方面要求检验人员必须具有辨别基本味觉特征的能力，并且被检样品的温度要与对照样品的温度一致；另一方面要采用正确的检验方法，遵循一定的规程，如检验时不能吞咽物质，应使其在口中慢慢移动，每次检验前后必须用水漱口等	糖、调料、酒、口服液等
听觉检验法	听觉检验法是利用听觉对商品发出的声音进行检查，并用来评定商品质量的检验方法	检验玻璃、瓷器、金属制品有无裂痕或其他内在缺陷；评价以声音作为质量指标的乐器、收录机、音响装置等商品以及无噪声的机电商品；评定食品的成熟度、新鲜度和冷冻程度等	一方面要求检验人员必须具有辨别基本声音特征的能力，并且被检样品的空间要与对照样品一致；另一方面要采用正确的检验方法，遵循一定的规程	瓷砖、瓷器、玻璃杯等

类型	方法描述	应用范围	注意事项	举例
触觉检验法	触觉检验法是利用人的触觉感受器官对商品的物理特征，如手感、硬度、光滑程度、厚度、紧密程度等，以及对商品的品质做出判定的检验方法	常用来对纸张、塑料制品、纺织品、食品及其他日用工业品的表面质量特性进行检验	触觉是皮肤受到机械刺激而引起的感觉，包括触压感和触摸感，是皮肤感觉的一种。皮肤感觉除触觉外，还有痛觉、热觉、冷觉等，它们也参与感官检验。所以进行触觉检验时应注意环境条件的稳定和保持手指皮肤处于正常状态	鉴别纸张的硬度与柔韧性等

（三）感官检验法的特点

感官检验法方法简单，快速易行；不需复杂、特殊的仪器设备和试剂，也不需特定场所，不受条件限制；一般不会损坏商品；成本较低。

感官检验法在商品检验中有着广泛的应用，并且消费者总是先用感觉器官来对商品进行质量评价的，所以感官检验十分重要。因此在工业和商业的产、供、销过程中经常使用这种方法。

（四）感官检验法的局限性

感官检验法不能检验商品的内在质量，如成分、结构、性质等；检验的结果不精确，不能用准确的数字来表示，是一种定性的方法，结果只能用专业术语或记分法表示商品质量的高低；检验结果易带有主观片面性，常受检验人员知识、技术水平、工作经验、感官的敏锐程度，以及审美观念、检验时的心理状态等因素的影响。

二、理化检验法

（一）理化检验法的概念

理化检验法是在实验室的一定环境条件下，借助各种仪器、设备和试剂，运用物理、化学的方法来检验商品质量的一种方法。它主要用于检验商品的成分、结构、物理性质、化学性质、安全性、卫生性，以及对环境的污染和破坏性等。与感官检验的结果相比，理化检验的结果可以用数据定量表示，较为准确客观，但要求有一定的设备和检验条件，同时对检验人员的知识和操作技术也有一定的要求。

（二）理化检验法的分类

理化检验法可以分为物理检验法和化学检验法。

1. 物理检验法

物理检验法是运用各种物理仪器、量具，对商品的各种物理性能和指标进行测试检验，以确定商品质量的方法。物理检验法因其检测商品的性质和要求不同，采用的仪器设备不同，可分为度量衡检验法、力学检验法、光学检验法、电学检验法、热学检验法等。物理检验法的方法描述与应用范围如表4-2所示。

表4-2　物理检验法的方法描述与应用范围

检验方法	方法描述	应用范围	举例
度量衡检验法	度量衡检验法是通过各种量具、量仪、天平、秤或专业仪器来测定商品的基本物理量，如长度、细度、面积、体积、厚度、重量、密度、容重、力度、表面光洁度等物理特性的检验方法	应用于有规格、尺寸、体积、重量等物理量要求的商品检验	纤维的长度、水果的大小检验
力学检验法	力学检验法是通过各种力学仪器测定商品的力学（机械）性能的检验方法	应用于有抗拉强度、抗压强度、抗弯曲强度、抗冲击强度、抗疲劳性能、硬度、弹性、耐磨性等要求的商品检验	水泥、钢筋的抗压强度检验
光学检验法	光学检验法是利用光学仪器，如光学显微镜、折光仪、旋光仪等检验商品光学性能方面质量指标的检验方法	应用于有光学性能方面表现的商品检验，如商品的细微结构、金属制品的无损检验以及通过对液体商品透射率的检验确定商品的纯度等	油脂的透射率检验
电学检验法	电学检验法是利用电学仪器测定商品的电学方面质量特性的检验方法	应用于检验电器类商品的电学性能指标，如电流、电压、电阻、电容等，当然通过有些电学性能的测定也可以测定商品的材质、含水等多方面的性能	电阻功率检验
热学检验法	热学检验法是利用热学仪器测定商品的热学质量特性，以判断商品质量的检验方法	应用于有熔点、沸点、燃点、耐热性、导热性等热学性质的商品检验	陶瓷制品的热稳定测定、金属的导热性测定

2. 化学检验法

化学检验法是用化学试剂或化学仪器对商品的化学成分及其含量进行测定，进而判定商品是否符合规定质量要求的检验方法。依据操作方法的不同，化学检验法可分为化学分析法和仪器分析法。化学检验法的方法描述与应用范围如表4-3所示。

表4-3　化学检验法的方法描述与应用范围

检验方法	方法描述	应用范围	举例
化学分析法	化学分析法是根据一定的、已知的能定量完成的化学反应进行分析，根据检验过程中试样和试剂发生的化学反应，以及在化学反应中试样和试剂的用量，测定商品的化学成分以及各成分所占比例，即相对含量的检验方法	常用的化学分析法有质量分析法、容量分析法、滴定分析法和气体分析法等	食品添加剂检验
仪器分析法	仪器分析法是一类通过检验试样的光学、电学等性能求出待测商品成分含量的化学方法，即采用光学仪器、电学仪器，通过测量商品的光学性质、电学性质来确定商品的化学成分的种类、含量以及化学结构，以判断商品品质的检验方法	适用于微量成分含量的分析	色谱分析

（三）理化检验法的特点

1. 理化检验法的优点

理化检验法检验结果精确，可用数字定量表示；检验的结果客观，不受检验人员的主观意志的影响，对商品质量的评价具有客观而科学的依据；能深入地分析商品成分的内部结构和性质，能反映商品的内在质量。

2. 理化检验法的局限性

理化检验法存在一定的局限性：它需要一定的仪器设备和场所，成本较高，要求条件严格；往往需要破坏一定数量的商品，消耗一定数量的试剂，费用较大；检验需要的时间较长；要求检验人员具备扎实的基础理论知识和熟练的操作技术。因此，理化检验法在商业企业直接采用得较少，多来进行为感官检验之后、必要时进行补充检验的方法，或委托商检机构来进行理化检验。

三、生物学检验法

生物学检验法是通过仪器、试剂和动物来测定食品、药品和一些日用工业品以及包装对危害人体健康安全等性能的检验方法。

生物学检验法包括微生物检验法和生理学检验法。生物学检验法的方法描述与应用范围如表4-4所示。

表4-4　生物学检验法的方法描述与应用范围

检验方法	方法描述	应用范围
微生物检验法	微生物检验法是采用微生物技术手段（如显微镜观察法、培养法、分离法和形态观察法等），对商品中有害微生物存在的种类及数量进行检验，并判定其是否超过允许限定的检验方法	食品及其包装物、药品、化妆品、卫生用品等商品卫生质量检验

续表

检验方法	方法描述	应用范围
生理学检验法	生理学检验法是以特定的人群或动物为受试对象，测定食品可消化率、发热量以及食品的某一成分对肌体的作用、毒性等的检验方法	鼠、兔等动物试验

📋 **经验之谈**

商品内容品质检验

商品内容品质检验包括外观品质和内在品质的检验。

外观品质检验是指对商品外观尺寸、造型、结构、款式、表面色彩、表面精度、软硬度、光泽度、新鲜度、成熟度、气味等的检验。

内在品质检验是指对商品的化学组成、性质和等级等技术指标的检验。

📝 **如春在花**

诚信是生产商品和买卖商品的基本道德准绳。商贸从业人员不要抱有逃脱商品检验的侥幸心理，而应当讲诚信、重诚信，遵守商品检验的相关法律法规。

检验商品品质需采用的检验方法因商品种类不同而有所差异。有的商品采用感官检验法即可评价质量，如茶叶；有的商品需以理化检验的结论作为评价商品质量的依据，如钢材。要使商品检验的结果准确无误，符合商品质量的实际，经得起复验，就要不断提高检验的技术和经验，采用新的检验方法和新的检测仪器，并随着科技发展，使理论检验方法向着快速、准确、少损（或无损）和自动化方向发展。

在实际生活中，影响商品质量变化的因素很多，商品质量的下降往往是很多因素作用的综合结果。无论是理化检验还是生物学检验，都是在特定条件下进行的，检验只是考虑了一个或几个因素。为了更好地模拟商品实际情况，对商品进行实际试用，以综合评定商品在实际使用中的质量表现也是一种常用的质量评价方法。

答疑解惑

"职场情境"中李凌提出如何鉴别丝巾质量的问题，解答如下。

1. 价格识别法

真丝织物价格一般是仿真丝织物、化纤织物价格的两倍以上。

2．光泽、手感识别法

李凌可以将样品平摊，观其外观。真丝有吸光的性能，看上去丝滑不起镜面、色彩柔和，呈珍珠光亮，手感柔和飘逸，丝线较密，用手抓会有皱纹，纯度越高、密度越大的丝绸手感也越好。

仿真丝织物虽经过脱坚处理，手感较柔软，但绸面发暗，无珍珠光泽；化纤织物光泽明亮、刺眼，手感较硬挺。

另外，丝绸应略有刮手的感觉，将两层面料进行摩擦，会产生丝鸣声，而其他原料的织物则无响声。

3．燃烧法

在条件允许的情况下，李凌可以抽出部分纱线燃烧。真丝看不见明火，有烧毛发的味道，丝灰呈黑色微粒状，可以用手捏碎；仿真丝遇火起火苗，有塑料味，火熄后边缘会留下硬质的胶块。

4．水鉴别法

真丝遇水会立刻被水浸湿。在条件允许的情况下，李凌可以取丝巾一角，往丝巾上倒一些水，立刻被水浸湿并贴在皮肤上的丝巾是真丝丝巾。

项目实训

⤬ 任务背景

学校近期要召开运动会，为校园活动提供物质支援的校园便利店也开始忙碌起来。作为连锁经营与管理专业的学生，李凌被派到专业实训基地（校园便利店）帮忙收货。这一天，送货师傅运来了一大车的商品，并催促李凌赶紧签收。李凌看着堆积如山的商品，心想这些商品要检查多久才能确定质量没有问题啊。突然，他想起了自己学习过的商品检验方法。

✖ 任务要求

以小组讨论的形式，上网查找资料，请教相关工作人员，想一想以下哪些商品适合采用简单随机抽样检验，哪些商品适合采用分层随机抽样检验，哪些商品适合采用全数检验，并填写表4-5。

表4-5　商品检验方式选择

商品名称	商品简单描述	选择的抽样方式
小浣熊干脆面	箱装，两种口味	
苹果	有3种品质，价格不同	
怡宝饮用水	箱装，两种规格	

续表

商品名称	商品简单描述	选择的抽样方式
运动手表	价值较高，准备用于奖励各项目的冠军，数量较少	
铅笔	一种规格	
毛巾	一种规格	

💬 任务评价

	评价项目	得分
教师评价	能够正确地选择合适的检验方式（40分）	
	能够有效地借助现有的渠道条件完成实训任务（20分）	
学生互评	对小组成果的贡献度（40分）	
合计		

温故知新

一、单选题

1. 商品检验的目的是（　　　）。

  A. 确定商品的数量   B. 确定商品的重量

  C. 确定商品的质量   D. 确定商品的体积

2. 质量检验的范围很广，大体上包括（　　　）两个方面。

  A. 外观质量检验与内在质量检验

  B. 卫生检验与安全性能检验

  C. 加工质量检验与内在质量检验

  D. 外观质量检验与工艺质量检验

3. 按照已确定的抽样方案，从整批商品中随机抽取少量商品用作逐一测试的样品，并依据测试结果去推断整批商品质量合格与否的检验属于（　　　）。

  A. 全数检验   B. 抽样检验

  C. 免于检验   D. 内销商品检验

4. 用视觉来检查商品的外形、结构、颜色、光泽及表面状态、疵点等质量特性的检验方法是（　　　）。

  A. 视觉检验法   B. 嗅觉检验法

  C. 味觉检验法   D. 听觉检验法

5. 通过各种量具、量仪、天平、秤或专业仪器来测定商品的基本物理量，如长度、细度、面积、体积、厚度、重量、密度、容重、力度、表面光洁度等物理特性的检验方法是（　　　）。

    A. 力学检验法　　　　　　　　　　B. 光学检验法

    C. 电学检验法　　　　　　　　　　D. 度量衡检验法

二、多选题

1. 商品检验的依据有（　　　　）。

    A. 商品质量法规　　　　　　　　　B. 商品标准

    C. 购销合同　　　　　　　　　　　D. 商品使用效果

2. 根据检验目的的不同，商品检验通常可分为（　　　　）3 种。

    A. 生产检验　　　　　　　　　　　B. 验收检验

    C. 全数检验　　　　　　　　　　　D. 第三方检验

3. 随机抽样法主要有（　　　　）3 种形式。

    A. 复杂随机抽样　　　　　　　　　B. 简单随机抽样

    C. 分层随机抽样　　　　　　　　　D. 系统随机抽样

4. 感官检验法的类型除了视觉检验法，还有（　　　　）。

    A. 嗅觉检验法　　　　　　　　　　B. 味觉检验法

    C. 听觉检验法　　　　　　　　　　D. 触觉检验法

5. 理化检验法可以分为（　　　　）。

    A. 物理检验法　　　　　　　　　　B. 触觉检验法

    C. 化学检验法　　　　　　　　　　D. 生物学检验法

三、判断题

1. 商品质量检验是商品检验的核心内容，因此狭义的商品检验就是商品质量检验。（　　　　）

2. 商品质量检验工作程序通常包括以下内容：定标—抽样—检查—比较—判定—处理。（　　　　）

3. 我国进出口商品检验工作流程主要有接受报检、抽样与制样、检验和签发证书 4 个环节。（　　　　）

4. 包装质量检验是根据购销合同、标准和其他有关规定，对商品的内外包装及包装标志进行的检验。（　　　　）

5. 感官检验法的类型主要有视觉检验法、嗅觉检验法、味觉检验法、听觉检验法、触觉检验法。（　　　　）

6. 理化检验法在商品检验中有着广泛的应用，并且消费者总是先用感觉器官来对商品进行质量评价的，所以理化检验十分重要。（　　　　）

四、简答题

1. 请简述抽样的原则。

2. 请简述理化检验法的特点。

项目五

商品的储存与科学养护

职场情境

　　假期到了，李凌去了红色革命根据地延安旅游。听说延安的苹果跟随神舟十四号载人飞船上天了，李凌也想尝一尝"太空苹果"。在延安高标准苹果园，李凌看到了满树吊着白色袋子的苹果，吃到了色、香、味俱全的果子。但是李凌有一个疑问，神州十四号载人飞船上的宇航员能吃到新鲜的苹果吗？是不是只能吃"冻干水果"？承担苹果供应任务的果农向李凌解释道："先进的气调保鲜储藏与冷链运输技术可以使苹果处于'休眠'状态，能让宇航员吃到的苹果口感始终新鲜香脆。其实，延安苹果早在2021年就跟随神舟十二号飞行乘组进入太空，打破了宇航员只能吃冻干水果的历史。"

　　"这个太神奇了，"李凌感叹道，"看来我还得好好学习一下商品的储存。"

学习目标

知识目标

- 能说出商品质量变化的类型。
- 知道影响商品质量变化的因素。
- 能列举商品养护的基本方法。
- 知道商品出入库流程。

能力目标

- 能运用有关知识解释某类商品质量的影响因素。
- 能根据影响商品质量变化的因素选择适当的养护技术。
- 能根据仓库管理制度制作商品出入库清单。

素质目标

- 积极介入日常生活中商品质量的维护和养护，树立诚信经营的意识。
- 积极运用因果关系原理和矛盾论的思想，建立辩证思维的习惯。

思维导图

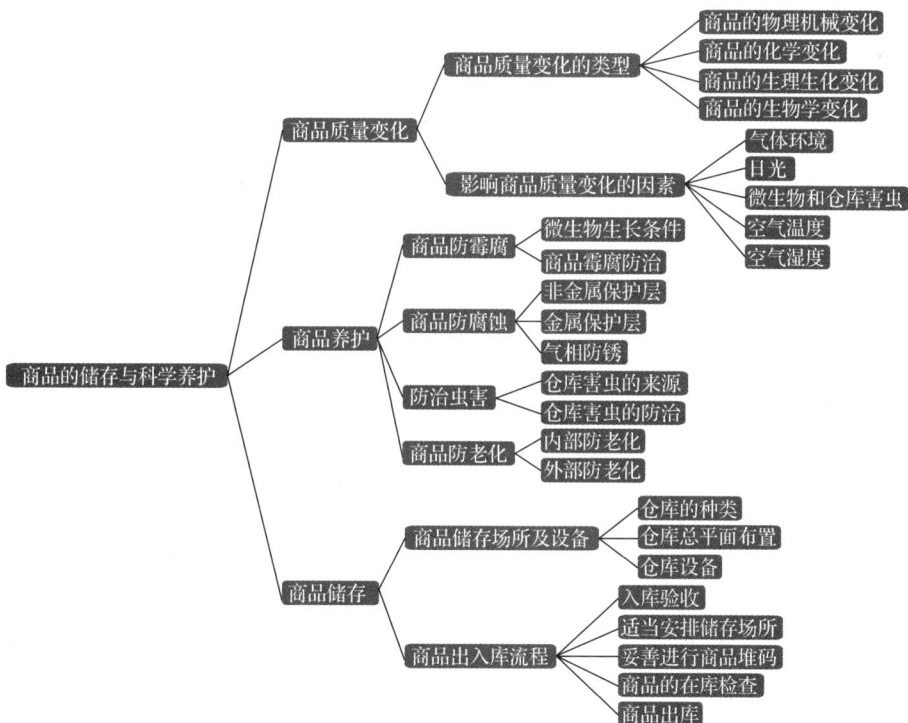

任务一 商品质量变化

任务描述

苹果在空气中自然放置一个星期，必然会脱水发蔫，失去甜美的味道。陈年的大米，看起来好像没有什么外形变化，但吃起来会有奇怪的味道。先进的保鲜技术既然可以让苹果的"寿命"更长，也一定可以让其他东西的"寿命"更长，李凌想明白了：要想掌握保鲜技术，需要先知道商品质量是怎么变化的才行。

活动一　商品质量变化的类型

商品从生产出来一直到消费者消费的过程中，由于它的成分、结构特点的不同，以及外界环境对它影响程度的不同，商品质量会发生各种各样的变化。了解商品质量发生变化的因素，有针对性地对商品采取保护措施，可以确保商品质量不发生或少发生变化，对防止商品损耗有十分重要的作用。

📖 案例链接

长毛的桃子

北京市民小刘爆料，6天前，他在某平台甄选直播间下单了一箱陕西水蜜桃，签收快递后，他发现水蜜桃有约四分之一已经霉烂长毛。

小刘向商家反映了情况，商家很快向小刘发起了全额退款，但小刘还是存有疑虑：桃子的损坏情况如此严重，是如何"甄选"的？

某平台甄选直播间针对"桃子霉烂长毛"做了以下回应。直播带货农产品公认有三大难点：第一，农产品属于非标产品，品质不好控制；第二，物流难度高，货架期短，容易发生变坏变质；第三，利润低。他们发现桃子发霉这样的问题后，只能积极响应并处理，以维护品牌形象。

来源：北青网

商品的质量变化主要分为商品的物理机械变化、商品的化学变化、商品的生理生化变化及商品的生物学变化。

一、商品的物理机械变化

商品的物理变化是指商品的物质状态（此处的物质状态不仅包括物质的气态、液态、固态三种状态，也包括物质的体积、形状、温度、压强等状态）发生了变化，但一般来说，商品本身的组成成分没有改变。

商品的机械变化是指商品在外力的作用下发生形态改变。其主要是因为自然环境因素、商品本身的某些特性和人为的因素。商品的物理机械变化主要有以下几种。

（一）挥发

挥发是指某些液体商品（如酒精、香水）或经液化的气体（液态二氧化碳）商品，在没有达到沸点的情况下，成为气体分子的现象。

常见易挥发的商品有酒精、香水、花露水、白酒、杀虫剂、油漆、部分化肥农药等。它们的挥发速度取决于气温、空气流动速度、液体表面接触空气的面积及商品中易挥发成分的沸点。气温高，空气流通快，与空气接触的表面积大，成分沸点低，挥发速度就快。挥发可以使商品数量减少（如挥发性香薰，见图5-1），质量下降。有的挥发气体（如乙醚）会影响人体健康，甚至引发爆炸和火灾事故。

图5-1　挥发性香薰

储存易挥发的商品时应该使用密闭性好的包装容器，并且要控制好仓库温度，远离热源。

（二）熔化

熔化是指某些固体商品在温度较高时发软、变形，甚至变为液体的现象，如巧克力受热熔化。商品成分的熔点和商品杂质的含量是导致熔化的内在因素，而日光直射、气温较高则是导致熔化的外在因素。常见易熔化的商品有蜡烛、化妆品、发蜡、松香、石蜡、胶囊、糖衣片、打字纸等。

存放这类商品时应该选择阴凉通风、温度低的仓库，同时要注意商品包装本身的密封性和隔热性，防止日光照射。

（三）溶化

溶化是指某些具有较强吸湿性的水溶性晶体、粉末或膏状商品（如明矾、食盐、氮肥等）吸收空气或环境中的水分，达到一定程度后出现溶解的现象。图 5-2 所示为盐的溶化。

图5-2　盐的溶化

影响商品溶化的主要因素是商品的吸湿性和水溶性，以及空气的温度、相对湿度等。气温和相对湿度越高，这类商品就越容易溶化。

易溶化商品应存放在干燥阴凉的库房内，不与含水量大的商品混放。在堆放时要做好底层商品的防潮工作和隔潮工作，同时，堆码不宜过高，防止压力过大而加速溶化。

（四）渗漏和粘连

渗漏主要是指商品由于包装因材质质量不合格或因包装内液体受热膨胀、结冰膨胀等发生损坏而出现了跑、冒、滴、漏的现象。它会造成商品的流失。图 5-3 所示为豆奶被挤压后渗漏。

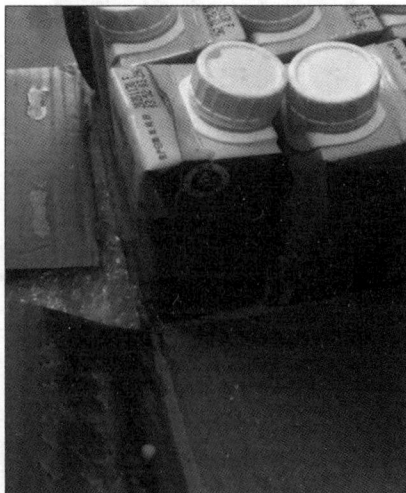

图5-3　豆奶被挤压后渗漏

粘连是指黏稠状流体（如软沥青、水玻璃）商品粘在包装容器表面很难或不能取出的现象。这也会造成商品的减量。

（五）串味

串味是指吸附性较强的商品吸附其他气体、异味，从而改变了本来气味的变化现象。这与其表面状况，与异味物质的接触面积、接触时间，以及环境中的异味浓度有关。

常见的易被串味的商品有大米、糖、饼干、茶叶、卷烟、中草药等。常见的容易引起其他商品串味的商品有汽油、煤油、腌鱼、腌肉、樟脑、卫生球、肥皂及农药等。

包装食品中的气味成分会因包装材料的种类不同而发生逸散，也就是说，长时间保存的包装食品会沾染环境中的异味或其他食品的气味，从而造成品质劣化。为防止气味的侵入，必须用防串味的包装材料来密封包装易被串味的商品，同时也要注意储存环境的清洁卫生。

（六）脆裂与干缩

在干燥的环境中，商品如果严重失水，就会出现脆裂和干缩的现象，如木制品、皮革制品、纸张、蔬菜、水果、糕点等。对于这类商品，在储存的过程中应防止日晒风吹，控制好环境的相对湿度，使其含水量保持在合适的范围内。

（七）变形与破碎

变形与破碎是指商品在储运中由于外力作用而发生的损耗现象。例如，玻璃、陶瓷、铝制品等若包装不良，在搬运过程中就易因受到碰撞、挤压和抛掷而出现破碎、掉瓷、变形等商品的外形发生改变的现象。对于这些脆性较大的商品，要注意妥善包装，轻拿轻放，避免撞击、重压，保证商品包装完整。

学以致用

请根据日常生活经验和学过的知识，填写表5-1。

表5-1　易发生物理机械变化的商品

序号	易发生物理机械变化的商品	质量变化时的表现	储存方法及注意事项
1			
2			
3			
4			
5			

二、商品的化学变化

商品的化学变化是指构成商品的物质发生变化后，不仅商品的外表形态和商品的本质改变了，而且有新物质生成，又不能恢复原状的现象。商品在流通过程中发生化学变化，就是商品质变的过程，严重时会使商品完全丧失使用价值。商品流通领域中发生化学变化的形式很多，常见的有氧化、分解和水解、老化、锈蚀、化合、聚合等。

（一）氧化

氧化是指商品与空气中的氧或其他物质释放出的氧接触，发生与氧结合的化学反应。商品的氧化会降低商品的质量，有些商品在氧化过程中会产生热量，如果热量不易散失，就易引起商品温度的上升，加速氧化的过程。当商品的温度达到商品某些成分的自燃点时，就会发生自燃现象，甚至发生爆炸事故。

易氧化的商品很多，如苹果（见图5-4）。棉、麻、丝等纤维制品若长期与日光接触，就会发生变色现象，这就是织品的纤维材料被氧化的结果。桐油布、油纸等桐油制品如尚未干透就进行包装，也容易发生自燃现象。所以此类商品要储存在干燥、通风、散热良好、温度比较低的库房里，才能保证其质量安全。

图5-4　氧化的苹果

（二）分解和水解

分解是指某些化学性质不稳定的商品，在光、热、酸、碱及潮湿空气的影响下，会发生化学变化，由原来的一种物质生成两种或两种以上的新物质。例如，过氧化氢为无色液体，是一种不稳定的强氧化剂和杀菌剂。它在常温下慢慢分解，如遇高温则迅速分解成氧和水；漂白粉遇到二氧化碳和水汽时会发生氧化反应，生成新生态氧。商品发生分解后，不仅数量会减少，而且质量会降低，有时产生的新物质很可能有危害性。

水解是指某些商品在一定条件下遇水而发生分解的现象。水解的实质是分子与水相互作用而发生复分解。例如，肥皂在酸性溶液中会全部水解，但在碱性溶液中会很稳定；蛋白质在碱性溶液中易水解，而在酸性溶液中却比较稳定。

在包装、运输、储存此类商品的过程中，要注意包装材料的酸碱性，以及哪些商品可以或不能同库储存，以防止商品的人为损失。

（三）老化

老化是指某些以高分子聚合物为成分的商品，如橡胶、塑料制品及合成纤维制品等，受到光、热、氧等因素的影响，发生发黏、龟裂、变脆、强度降低，以致失去原有优良性能的现象。图 5-5 所示为塑料老化前后对比。

容易老化的商品在保管养护过程中要注意防止日光照射和高温，商品堆码时不宜过高，以防底层的塑料、橡胶制品会受压变形。橡胶制品切忌同各种油脂和有机溶剂接触，以防发生粘连现象。塑料制品要避免同各种有色织物接触，以防颜色的沾染而发生串色。

图5-5　塑料老化前后对比

（四）锈蚀

锈蚀是指金属制品在潮湿空气或酸、碱、盐类物质的影响作用下，发生腐蚀的现象。锈蚀分为电化学锈蚀和化学锈蚀。金属制品的锈蚀不仅会使金属制品的重量减少，还会影响金属制品的质量、使用价值和美观性等。图 5-6 所示为生锈的自行车链条。

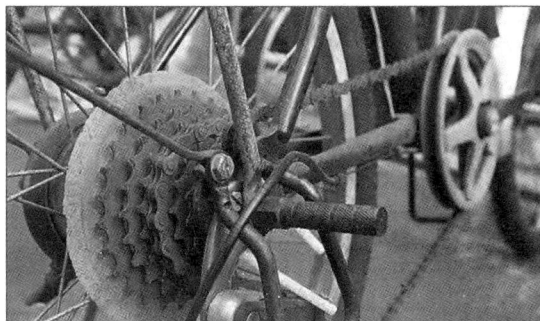

图5-6　生锈的白行车链条

（五）化合

商品在流通领域受外界条件的影响，会出现两种或两种以上物质相互作用，生成一种新物质的化合反应。例如，吸潮剂的吸湿过程就是一种化合反应。

（六）聚合

聚合是指某些商品在外界条件影响下，能使同种分子相互加成而结合成一种更大分子的现象。例如，桐油表面结块、福尔马林变性都是聚合反应的结果。

🎓 学以致用

请根据日常生活经验和学过的知识，填写表5-2。

表5-2　易发生化学变化的商品

序号	易发生化学变化的商品	质量变化时的表现	储存方法及注意事项
1			
2			
3			
4			
5			

三、商品的生理生化变化

商品的生理生化变化是指为了维持自身的生命活动，有机体商品（有生命力的商品）在生长发育过程中所发生的一系列特有的变化。例如，呼吸作用、后熟作用、萌发与抽薹、胚胎发育、僵直与软化等现象，都属于商品的生理生化变化。这些变化会使有机商品消耗大量的营养物质，使商品发热增湿，造成微生物的繁殖，以致污染、分解商品，加速商品的霉腐变质。

（一）呼吸作用

呼吸作用是粮食、水果、蔬菜等有机体商品生理活动的主要标志。旺盛的呼吸能加速商品成分的分解，引起品质劣变。商品的呼吸作用在有氧和缺氧的条件下均能进行。商品进行有氧呼吸时，会伴随热的产生和积累，从而使商品腐败变质；有机体分解出来的水分，又有利于有害微生物的生长繁殖，加速商品的霉变。商品处于缺氧状态时也进行缺氧呼吸，除了产生热量，还会产生酒精积累，引起有机体细胞中毒，造成生理病害。

旺盛的有氧呼吸和缺氧呼吸均不利于商品品质的保持，故需要采取适宜的措施抑制商品的呼吸作用。使商品的呼吸作用处于微弱状态，既可防止商品品质劣变，又能保持商品的天然耐储性。图5-7所示为真空包装的小米。

图5-7　真空包装的小米

（二）后熟作用

后熟作用是指蔬果类商品在脱离母株后继续成熟的过程。后熟作用能改变蔬果的色香味及适口的脆硬度等方面的品质。图5-8所示为用香蕉催熟芒果。例如，芒果采摘时一般只有七分熟，后熟后口味更佳，但也是生理衰老的表现，而且芒果一旦完成后熟就很难保存，容易腐败变质。影响蔬果后熟作用的主要因素是高温、氧气和某些刺激性气体。所以，在实际保存过程中应尽量保持低温和适量通风，以延长其后熟过程。

图5-8　用香蕉催熟芒果

（三）萌发与抽薹

萌发与抽薹是指两年生或多年生的有机商品（如马铃薯、大蒜、油菜），在适宜的条件下，冲破"休眠"状态，由营养生产期向生殖生产期过渡时发生的继续生长的现象。萌发与抽薹会消耗大量养分，导致组织粗老、空心，使蔬果品质大为降低。防止生鲜商品出现萌发与抽薹的有效措施是降低温度，以延长其"休眠"状态。

（四）胚胎发育

胚胎发育主要是指禽蛋的胚胎发育。在鲜蛋的保管过程中，当温度和供氧条件适宜时，胚胎会发育成血丝蛋、血环蛋。经过胚胎发育的禽蛋的新鲜度和食用价值会大大降低。为抑制禽蛋的胚胎发育，应加强温湿度管理，尽量低温储存，也可以采用石灰水浸泡、表面涂层等储存方法。

（五）僵直与软化

僵直是指动物性生鲜食品的肌肉组织发生生物化学变化，出现肌肉组织紧缩、僵硬的现象。其间，这类食品的主要成分尚未分解变化，基本保持了原有的营养价值，适合于冷冻储存。

软化是指处于僵直状态的动物性生鲜食品在水解酶的作用下，因蛋白质等物质被分解而逐渐变软的现象。软化后的动物性生鲜食品色泽变暗，容易腐烂变质。

软化过程的快慢与环境温度的高低有关。降低温度可以延缓软化过程的进行，因此，动物性生鲜食品需要在低温下储存和运输。

学以致用

请根据日常生活经验和学过的知识，填写表5-3。

表5-3　易发生生理生化变化的商品

序号	易发生生理生化变化的商品	质量变化时的表现	储存方法及注意事项
1			
2			
3			
4			
5			

四、商品的生物学变化

商品的生物学变化是指由微生物、仓库害虫等生物造成商品品质的变化，主要有霉腐、发酵和虫蛀等。

（一）霉腐

商品的霉腐是指在某些微生物的作用下，商品所出现的生霉、腐烂和腐败发臭等质量变化的现象。

含糖、蛋白质、纤维素较多的商品和含水量较高的商品容易发生霉腐。无论哪种商品，一旦发生霉腐，就会受到不同程度的损坏，轻则失去使用价值，重则会产生能让人畜中毒的有毒物质。

（二）发酵

发酵是指人们借助微生物在有氧或无氧条件下的生命活动来生产目标产物的过程。

发酵广泛应用于食品业，如发酵制白酒，如图5-9所示。但如果微生物自然地作用于食品进行发酵，就会破坏食品中的有益成分，出现异味，甚至产生有害身体的物质。

图5-9　发酵制白酒

（三）虫蛀

商品在储存期间，常常会遭到害虫的蛀蚀。害虫不仅会破坏商品的组织结构，使商品破碎或出现洞孔，其排泄物也会污染商品，影响商品的质量和外观，降低商品的使用价值，甚至会使商品完全丧失使用价值，如虫蛀后的羊毛衫（见图5-10）。要避免虫蛀，就要做好包装前的清洁卫生检查，以及运输工具和仓库的清洁卫生工作，加强日常管理，切断害虫来源。

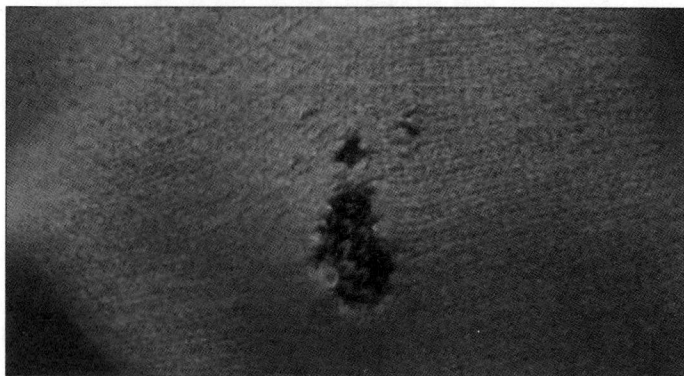

图5-10　虫蛀后的羊毛衫

学以致用

请根据日常生活经验和学过的知识，填写表5-4。

表5-4　易发生生物学变化的商品

序号	易发生生物学变化的商品	质量变化时的表现	储存方法及注意事项
1			
2			
3			
4			
5			

活动二　影响商品质量变化的因素

对商品在流通过程中发生的各种变化起决定作用的是商品本身的内在因素，即内因。它不仅能影响商品质量变化的形式，还能影响商品质量变化的速度。这些内因包括化学成分、结构形态、物理化学性质、机械及工艺性质等。同时，在商品运输、储存等流通过程中，气体环境、日光、微生物和仓库害虫、空气温度、空气湿度等外在条件会使商品发生锈蚀、老化、霉腐、虫蛀等种种质量变化，使商品的质量下降甚至报废。这些因素称为影响商品质量变化的外因。这里只对影响商品质量变化的外因进行讨论。

一、气体环境

空气中大约含有21%的氧气。氧气对食品中的营养成分有一定的破坏作用：氧气能使食品中的油脂发生氧化，产生过氧化物，使食品不但失去食用价值，而且发生异臭，产生有毒物质；氧气能使食品的氧化褐变反应加剧，使色素氧化褪色或变成褐色。氧气是好氧型微生物活动的必要条件，使有机体商品发生霉腐；氧气可以加速金属商品锈蚀；氧气是助燃剂，不利于危险品的安全储存。在商品养护中，对于受氧气影响较大的商品，要采取浸泡、密封、充氮等方法隔绝氧气。

二、日光

日光中有紫外线、红外线，还能让商品的温度升高，它对商品起到正反两面的作用。对于易受潮商品来说，日光能保持商品干燥，消灭微生物和害虫，有利于商品的保护。但是，日光能使酒类变浑浊，油脂加速酸败，橡胶塑料制品迅速老化，纸张发黄变脆，色布褪色，药品变质，胶卷曝光等。因此，应根据不同商品的不同特性，利用或减少日光照射。

三、微生物和仓库害虫

微生物的破坏作用危及的范围广泛，粮食产品、电子元件和石油产品等，都可能受到微生物的攻击。

富含碳水化合物和蛋白质的商品（如粮食、食品饲料、皮革制品等）营养丰富，容易受到多种微生物的侵袭，导致腐败和变质。微生物在纤维素类商品（如纸张、纺织品、木材等）的生长过程中，常分泌一些酶类（如纤维素酶、半纤维素酶等），使商品品质劣化、强度丧失。同时，橡胶、涂料、黏合剂、金属切削液、化妆品等商品中都含有微生物生长所需要的养分，在储存、运输、使用等环节上都会受到微生物的侵袭。

害虫在仓库里取食，对商品造成损失，其尸体、蜕皮、排泄物对商品造成污染，影响商品的质量和外观。

一定的温度和湿度是微生物和仓库害虫生长繁殖的必备条件。因此，在储存中根据商品的特征，控制好温度和相对湿度，可以有效防止和控制微生物和仓库害虫的生长繁殖。

四、空气温度

气象学上把表示空气冷热程度的物理量称为空气温度，简称气温。国际上标准气温度量单位是摄氏度。常用的温度单位按温标表示方法的不同，分为摄氏温度和华氏温度两种。

1. 摄氏温度

把在标准大气压下冰水混合物的温度定为 0℃，沸水的温度定为 100℃，

0℃和100℃之间分成100个等份，每一等份代表1℃。

2. 华氏温度

把纯水的冰点定为32℉，把标准大气压下水的沸点定为212℉，中间分成180等份，每一等份代表1℉，这就是华氏温标。

华氏温度换算为摄氏温度的公式：℃=（℉-32）×5/9

摄氏温度换算为华氏温度的公式：℉=℃×9/5+32

温度是影响商品质量变化的重要因素。温度能直接影响物质微粒的运动速度：高温能够促进商品的挥发、熔化、渗漏等物理变化及各种化学变化；而低温又容易引起某些商品的冻结、沉淀等变化。温度忽高忽低，会影响到商品质量的稳定性。此外，温度适宜时会给微生物和害虫的生长繁殖创造有利条件，加速商品的霉腐、发酵和虫蛀。

仓库温度的控制包括库房内温度（库温）的控制、库房外温度（气温）的控制和储存物资温度（垛温）的控制。

五、空气湿度

在一定的温度下，在一定体积的空气里含有的水汽越少，则空气越干燥；水汽越多，则空气越潮湿。在此意义下，常用绝对湿度、饱和湿度、相对湿度和露点等物理量来表示空气温度。

1. 绝对湿度

绝对湿度是指一定体积的空气中含有的水汽的质量。绝对湿度的最大限度是饱和状态下的最高湿度。绝对湿度只有与温度在一起讨论才有意义，因为空气中能够含有的湿度的量随温度的变化而变化。在不同的温度中绝对湿度也不同，因为随着温度的变化空气的体积也会变化。通常情况下，温度越高，水汽蒸发得越多，绝对湿度就越大；反之，绝对湿度就小。

2. 饱和湿度

饱和湿度是指在一定温度下，单位容积空气中所能容纳水汽量的最大限度。如果越过这个限度，多余的水汽就会凝结成水滴。

空气的饱和湿度不是固定不变的，它会随着温度的变化而变化。温度越高，单位容积空气中所能容纳的水汽量就越多，饱和湿度也就越大。

3. 相对湿度

相对湿度是指相同温度下，空气中绝对湿度与饱和湿度的百分比。其公式如下：相对湿度=绝对湿度/饱和湿度×100%。

相对湿度越大，表示空气越潮湿；相对湿度越小，表示空气越干燥。空气的绝对湿度、饱和湿度、相对湿度与温度之间有一定的联系，温度发生变化时，各种湿度也会随之发生变化。

4. 露点

在空气中水汽含量不变，气压保持一定的情况下，使空气冷却达到饱和湿度时的温度，即水蒸气开始液化成水时的温度叫作露点温度，简称露点。如果温度下降到露点以下，空气中超饱和的水蒸气就会在商品或其外包装表面凝结成水滴，此现象称为"水淞"，俗称"出汗"。

湿度是影响许多其他环境因素的重要因素。大气湿度效应是非常明显的。长期在湿度高的环境下，金属会腐蚀，纺织品、竹木制品会霉变，食盐、化肥等会结块，电气绝缘性能会降低，吸湿性强的材料的质量会加速变化，霉菌也会增长。

在湿度低的环境下，有些水果、蔬菜、肥皂会萎蔫或干缩变形，纸张、皮革制品会干裂、脆化。干湿交替也会加速一些材料的吸湿进程和金属的腐蚀进程。

所以，在商品养护过程中，必须掌握各种商品的温湿度要求，尽量创造商品适宜的温湿度环境。

> **学以致用**
>
> 将冰箱中冷藏的饮料瓶在常温下放置，瓶的外壁会出现什么现象？

任务二　商品养护

任务描述

因为先进的气调保鲜储藏与冷链运输技术，太空中的宇航员能够吃到口感始终新鲜香脆的苹果。李凌想：其他商品肯定也一样，找到商品容易损坏的"源头"，接下来只要掌握恰当的储存技术，就可以影响商品质量的变化了。

商品养护是指商品从离开生产领域到还未进入消费领域时的保养与维护工作。商品只能在一定的时间内、一定的条件下，保持其质量的稳定性。商品质量的变化在运输和储存中都会出现。由于商品的不同，其质量变化的快慢程度也不同。商品越容易发生质变，它对储运条件的要求就越严格。

商品养护是商品流通领域各部门不可缺少的重要工作之一。商品养护一般包括两个方面，分别是防和治。防是指不使商品发生质量上的降低和数量上的减损，治是指商品出现问题后采取救治的方法，防和治是商品养护不可缺少的两个方面。

👤 活动一　商品防霉腐

一、微生物生长条件

微生物生长最重要的条件是水，此外还有合适的温度、酸碱度和有机营养物等。具体来说，微生物生长的影响因素主要有以下几个方面。

（一）营养条件

营养物质的供应是微生物存在的首要条件。微生物需要的主要营养物质包括碳源、氮源、水、无机盐及生长因子等。不同的微生物所需的营养物质有或多或少的差别。

（二）湿度和水分

微生物的生存和繁殖都离不开水，生长所需要的水分都是直接或间接取自商品周围的空气。霉菌微生物的发育都要求较高的空气相对湿度。在相对湿度低于 75% 的条件下，多数霉菌不能正常发育。因此，75% 这个相对湿度通常就叫作商品霉变的临界湿度。

（三）温度

霉腐微生物中大多数属于中温型，适宜的温度是 20℃～ 40℃，酵母菌在 50℃～ 60℃的环境里待 5 分钟就会死亡，细菌在 60℃的环境中待 10 分钟就会死亡。

（四）酸碱度

多数细菌适合在中性或偏碱性环境中生长。中性或偏碱性的蛋白质类食品的 pH 值多在 7～ 8，适于细菌生长。多数酵母菌和霉菌适合在偏酸性环境中生长。偏酸性食品如蔬菜水果、含糖饮料和糕点的 pH 值多在 3～ 6，适于霉菌、酵母菌生长。

（五）氧气

霉腐微生物分为好氧霉腐微生物、厌氧霉腐微生物和兼性厌氧霉腐微生物。好氧霉腐微生物有完整的呼吸链，在有氧的条件下才能正常生长。二氧化碳浓度的增加不利于微生物生长，可以导致其死亡。厌氧霉腐微生物不能在有氧气或氧气充足的条件下生长。兼性厌氧霉腐微生物在有氧和无氧条件下均能生长，但在有氧的情况下会生长得更好。

（六）有毒物质、辐射

有毒物质会抑制微生物的生长繁殖，甚至杀死微生物，而微生物会对有毒物质做出相应的代谢变化，以适应有毒的环境。

辐射是以电磁波的方式通过空间传递的一种能量形式。电磁波携带的能量与波长有关，波长越短，能量越高。不同波长的辐射对微生物生长的影响不同。电离辐射包括 X 射线、γ 射线、α 射线和 β 射线等，它们的波长短、能量大，能使被照射物质的分子发生电离作用而产生游离基，游离基与细胞内的大分子化合物作用使之变性失活。电离辐射常用于食品、药物等的杀菌。

（七）日光和通风

日光中的紫外线能被微生物原生质中的核蛋白吸收，使其生理功能失调而死亡。日光中的红外线的热作用可以使商品干燥，从而使微生物脱水，影响其生长繁殖。微生物都喜欢在空气不流通的角落里生长繁殖，所以通风可以防止部分商品发生霉腐。

📖 **案例链接**

腊肉寄售后变质，谁该担责？

陕西省紫阳县贺某给山西省杨某邮寄了 135 千克腊肉，物流公司人员在 2020 年 9 月 16 日将腊肉包装托运发货，在 25 日（物流公司官方网站宣称时效 6 日，实际用时 9 日）将该批腊肉送达收货人杨某，但因部分腊肉发霉变质，杨某拒收并要求退货，10 月 3 日货物到达紫阳县后，物流公司联系贺某将腊肉拉走，但贺某拒绝，物流公司工作人员遂将腊肉临时储存在冰柜中。后贺某起诉法院要求物流公司按腊肉进货价赔偿损失。

法院审理认为，物流公司在托运过程中存在包装不当、运输超时的过错，但腊肉发霉变质与其本身含水量较高也有关系，故判决物流公司按照腊肉进货价的 75% 承担赔偿责任。

来源：澎湃网

二、商品霉腐防治

商品霉腐防治是指根据商品常见的霉腐原因采取适当措施的防霉防腐及其救治工作。商品的成分结构和环境因素是微生物生长繁殖的营养来源。因此，商品霉腐的防治工作必须根据微生物的生理特点，实行"以防为主、防治结合"的方针，从改善商品组成、结构和储存的环境条件等方面采取有效措施，造成不利于微生物的生理活动的环境，从而达到抑制或杀灭微生物的目的。

（一）加强库存商品的管理

1. 加强入库验收

做易霉商品入库工作时，要检查外包装是否完整、是否潮湿，商品含水量是否超标。在保管期间应勤加检查，加强防护。

2. 加强仓库温湿度管理

在仓库内悬挂干湿表，干湿表应放置在空气流通、不受阳光照射的地方，挂置高度约 1.5 米，每日对仓库内的温湿度进行监测，如图 5-11 所示。

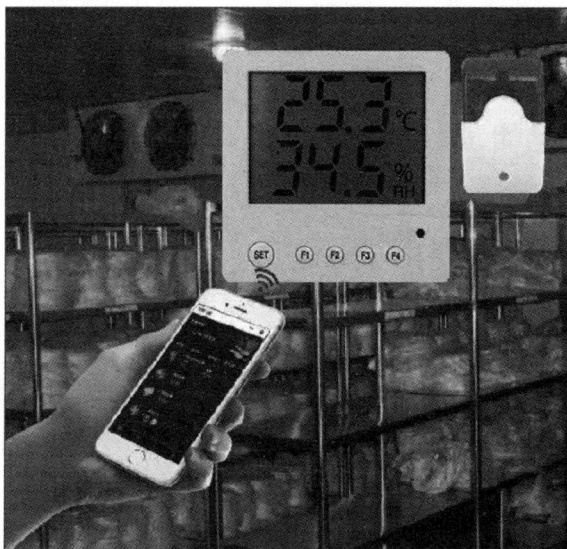

图5-11　仓库温湿度监测

根据商品的不同特性，正确地使用密封、吸潮和通风相结合的办法，将相对湿度控制在不适合霉菌生长且不影响商品质量的范围内。

3. 选择合理的储存场所

易霉商品应尽量安排在空气流通、光线较强、比较干燥的库房，避免与含水量大的商品储存在同一个场所。

4. 合理堆码

储存商品与地面距离至少 10 厘米，与墙壁距离至少 20 厘米。

5. 做好商品的密封工作

尽可能把商品严密地封闭起来，减少气候对商品的影响。

6. 做好日常清洁工作

仓库内要保持洁净卫生，应经常进行系统性的清扫。

（二）药剂防霉腐

药剂防霉腐是利用化学药剂使霉腐微生物的细胞受到破坏，新陈代谢活动受到抑制，从而达到杀菌或抑菌的目的。具有实际应用价值的防霉剂应该具有以下特点：一是对人体无害、对环境无污染、高效、长效、价廉、无副作用；二是使用后不能降低商品的性能，在储存、运输中稳定性良好。防霉剂的使用方法一般有以下几种。

1. 添加法

添加法也叫调入法，就是将一定比例的防霉剂直接添加到材料或制品中。防霉剂可以与原料同时加入，也可以在中途某环节加入，甚至在成品中加入。可以加入粉剂，也可以加入预先用水或其他有机溶剂溶解后的药剂。通常采用此法的有：食品、饮料、调味品、化妆品、油漆涂料、金属轧制液、切削油等。

2. 浸泡法

浸泡法就是将材料或制品放在一定浓度的防霉剂中浸泡一定的时间，然后取出晾干或烘干，使材料或制品的表面及内部都能吸附到防霉剂。处理对象不同，需要浸泡的时间和浓度也不同。通常采用此法的有：线带、地毯、包装材料、竹木制品、草织品等。

3. 涂刷法

涂刷法就是将一定浓度的防霉剂用涂刷工具（毛笔、排笔、毛刷等）涂在材料或制品的表面，其涂刷部位不只是外表面，也应涉及内表面。通常采用此法的有：纺织品、皮革制品、竹木制品、电气产品、布鞋等。

4. 喷雾法

喷雾法就是将一定浓度的防霉剂，用喷雾器喷洒在材料或制品的表面，如图 5-12 所示，最好也涉及内表面。喷雾必须均匀，雾滴不宜太大。通常采用此法的有：皮革及其制品、布鞋和布胶鞋、纺织品、竹木制品、电气产品，以及各种零部件等。

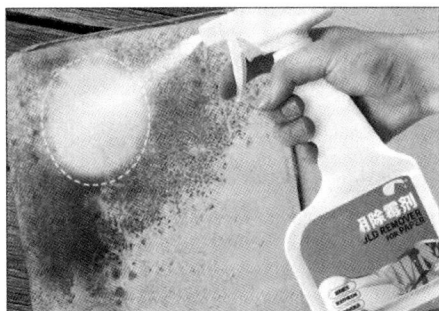

图5-12　喷雾防霉

5. 熏蒸法

熏蒸法就是将挥发性防霉剂的粉末或片剂置于商品或容器的空间部位，任其挥发，逐渐散发出杀菌气体，弥漫于密闭空间内，起到防霉作用。通常采用此法的有望远镜、显微镜等光学仪器和中药材等。

（三）其他防霉方法

1. 气调防霉腐

气调防霉腐是依据好氧微生物需氧代谢的特性，通过调节包装中的含氧量来抑制霉腐微生物的。图 5-13 所示为中药材气调仓储养护现场。

图5-13　中药材气调仓储养护现场

气调防霉腐有自发气调和机械气调两种方法。自发气调是利用鲜活食品本身的呼吸作用降低密封包装中氧的含量、增加二氧化碳浓度来起到气调作用。而机械气调则是采用机械设备将密封包装中的空气抽至一定真空度，再填充二氧化碳或氮气的气调方法。

2. 低温防霉腐

低温防霉腐是通过控制商品本身的温度，使其低于霉腐微生物生长繁殖的最低界限，控制酶的活性。它不仅能达到防霉腐的目的，还有利于减少干耗，保持商品的色、香、味，从而较好地保持商品原有的新鲜度、风味品质和营养价值。

食品低温储藏的温度范围一般是 $-30℃ \sim 15℃$。一般情况下，温度愈低，食品质量变化的持续时间愈长，霉腐微生物的死亡率愈高。由于食品的种类、特性和储藏期限不同，采用的储藏温度也不一样。按储藏温度的不同，低温储藏可分为冷却储藏和冷冻储藏。

冷却储藏（冷藏）是适用于含水量大又不耐冰冻的易腐商品，如蔬菜、水果、鲜蛋等，短时间在 0℃ 左右的冷却储藏。在冷藏期间，霉腐微生物的酶几乎都失去了活性，新陈代谢的各种生理生化反应缓慢，甚至停止，其生长繁殖受到抑制，但并未死亡。

冷冻储藏（冻藏）是适用于耐冰冻、含水量大的易腐商品，如肉类、鱼类，较长时间在 -16℃ ～ -18℃ 的冻结储藏。冷冻储藏通常有缓冻和速冻两种方法。

（1）缓冻。缓冻是指将食品放于冻结室内，室温一般为 -40℃ ～ -18℃。一般来说，温度降至 -5℃ 时，食品中的水分有 60% ～ 80% 会冻结；降至 -18℃ 时，则有 90% 的水分会冻结。食品的储藏温度越低，品质会保持得越佳，储藏时间也会越长。

（2）速冻。速冻采用 -18℃ 或 -23℃，甚至 -40℃ 的低温速冻，使食品在较短时间以内通过最大冰晶生成带的冻结方法，在 -15℃ 或更低的温度下储藏。速冻食品的速冻时间很快，食品细胞膜内外在很短时间内便可结晶，同时水分形成无数个小冰晶，并迅速形成冰晶带，这个冰晶带几乎不会对食品的细胞组织形成机械损害。解冻时，食品之前的状态基本会完全恢复，又回到原来的状态，营养流失少。

3. 加热灭菌防霉腐

食品经加热处理，能杀灭引起食品变质的微生物，破坏食品中酶的活性，从而达到防霉腐的目的。加热灭菌防霉腐有低温杀菌和高温杀菌两种方法。

（1）低温杀菌。低温杀菌是一种较温和的热力杀菌形式，杀菌的温度通常在 100℃ 以下，它可以有不同的温度、时间组合。低温杀菌可使食品中的酶失活，并破坏食品中热敏性的微生物和致病菌。杀菌后的食品的储存期主要取决于杀菌条件、食品成分（如 pH 值）和包装情况，此方法主要适用于 pH<4.6 的酸性或酸化食品、低温储藏的肉制品，以及以酵母、霉菌为杀菌对象菌的食品。

（2）高温杀菌。高温杀菌是指食品经非常压（加压）100℃ 以上温度杀菌处理。此方法主要适用于 pH>4.6 的低酸性食品的杀菌。

📖 **经验之谈**

巴氏消毒法

巴氏消毒法是法国人巴斯德于 1865 年发明的，经后人改进，用于杀灭啤酒、葡萄酒、牛奶及奶制品等液体中病原体和有害微生物的方法，也是目前国际上通用的一种牛奶消毒法。巴氏消毒法主要有两种。

一种是将牛奶加热到 68℃ ～ 70℃，保持 30 分钟。采用这一方法可杀死牛奶中各种生长型致病菌，灭菌效率可达 97.3% 以上。消毒后残留的只是部分嗜热菌、耐热细菌及芽孢等，这些细菌多数是乳酸菌，乳酸菌不但对人体无害反而有益人体健康。

另一种是将牛奶加热到 75℃～90℃，保温 15～16 秒，其杀菌时间更短，工作效率更高。杀菌的基本原则是将病原菌杀死即可。图5-14 所示为巴氏杀菌机。

图5-14　巴氏杀菌机

4. 腌渍防霉腐

腌渍防霉腐是指用食盐、糖等腌渍材料处理食品原料，使其渗入食品组织，提高其渗透压，降低水分活度，抑制有害微生物生长繁殖，促进有益微生物活动，从而达到防霉腐目的，改善食品食用品质。

（1）盐渍储藏法。食盐是腌制剂中最重要的成分，不仅有调味作用，还有防腐作用。食盐溶液具有很高的渗透压，对微生物细胞产生强烈的脱水作用，导致其发生质壁分离，微生物的生理代谢活动呈抑制状态，使微生物停止生长或死亡。食盐溶液还具有较低的水分活度，不利于微生物生长。几种微生物耐受食盐的最高浓度如表 5-5 所示。

表5-5　几种微生物耐受食盐的最高浓度

微生物名称	食盐浓度
乳酸杆菌	8%～13%
大肠杆菌	6%
丁酸菌	8%
变形杆菌	10%
肉毒杆菌	6%
霉菌	20%
酵母菌	25%

（2）糖渍储藏法。蔗糖是糖渍食品的主要辅料，也是蔬菜和肉类腌制时常用的调味品。蔗糖具有很大的吸水性，可使其溶液的水分活度降至 0.85 以下，并能达到很高的渗透压。不同浓度下蔗糖溶液对微生物的作用如表 5-6 所示。

表5-6　不同浓度下蔗糖溶液对微生物的作用

蔗糖溶液浓度	作用
1%～10%	促使微生物生长
50%以上	可阻止大多数细菌的生长
65%～85%	抑制霉菌和酵母菌的生长

所以，糖渍食品加糖量达到 65% 以上，才能获得比较好的储藏效果。

（3）酸渍储藏法。酸渍储藏法是食品加工保藏方法之一，主要用于果蔬的储藏。果蔬在腌制过程中，若隔绝空气，能促使果蔬中的糖质发酵而生成乳酸，降低环境 pH 值，当乳酸浓度在 0.7%～1.0% 时，就能抑制大多数微生物的活动，从而使食品不易腐败。也可以人为地加入醋酸，将果蔬浸于 1%～3% 的醋酸溶液中，降低食品 pH 值。一般情况下，酸渍食品的 pH 值 <4.5 时，许多有害微生物便难以生长繁殖。泡菜为典型的酸渍加工品。

5. 辐射防霉腐

辐射防霉腐是利用穿透力极强的放射元素（钴 -60）产生的射线辐射状照射货物，从而达到防霉的目的。射线是一种波长极短的电磁波，能穿透很厚的固体物，使货物中的微生物、害虫中的各种成分电离化，酶的活性被破坏，从而达到杀灭微生物、害虫的目的。

辐照保存技术可以应对不宜进行加热、熏蒸、湿煮处理的食品，并且可以保持食品的香味和外观品质，较为特殊的实例就是马铃薯的辐照保存。经过辐照的马铃薯饱满不发皱，硬度好，养分不会有明显的损失，也不易发芽。食品辐照是物理加工过程，不需添加化学药物，没有药物残留，也未发现感生放射性，不污染环境，是一种安全、环保的食品加工法。

🗂 **经验之谈**

汤飞凡，男，中国科学院生物学部委员，著名微生物学家、病毒学家、沙眼衣原体的发现人之一。

汤飞凡毕生从事病毒的研究。20 世纪 30 年代和魏曦共同对支原体进行研究，否定了沙眼细菌病因说；组织研制出我国第一批 5 万单位青霉素，创建青霉素生产车间，为预防天花、黄热病、鼠疫等疫病做了大量工作；20 世纪 50 年代和张晓楼等人成功地分离出沙眼病毒（沙眼衣原体），被称为世界上第一个分离出沙眼病毒的人。沙眼病毒被称为"汤氏病毒"，1981年获国际组织追赠颁发的"沙眼金质奖章"。

👤 活动二　商品防腐蚀

腐蚀是指金属和非金属在周围介质（水、空气、酸、碱、盐、溶剂等）作用下产生损耗与破坏的过程。

一、非金属保护层

非金属保护层是把有机和无机化合物涂覆在金属表面，如油漆、塑料、玻璃钢、橡胶、沥青、搪瓷、混凝土、珐琅、防锈油等。在金属表面涂覆非金属保护层用得最广泛的是油漆和塑料涂层。塑料涂层是近几十年来发展最快的防腐蚀方法，尤其是把有机树脂做成粉末涂料，采用各种方法在金属表面形成优良的涂层，能有效延长防锈期。图5-15所示为聚乙烯防水保护层。

图 5-15　聚乙烯防水保护层

二、金属保护层

金属保护层是在金属表面镀上一种金属或合金作为保护层，以减慢腐蚀速度。用作保护层的金属通常有锌、锡、铝、镍、金、银及各种合金等。获得电镀涂层的方法有很多种，如电镀、热镀、喷镀、渗镀、化学镀等。图5-16所示为对管线做不锈钢保护层。

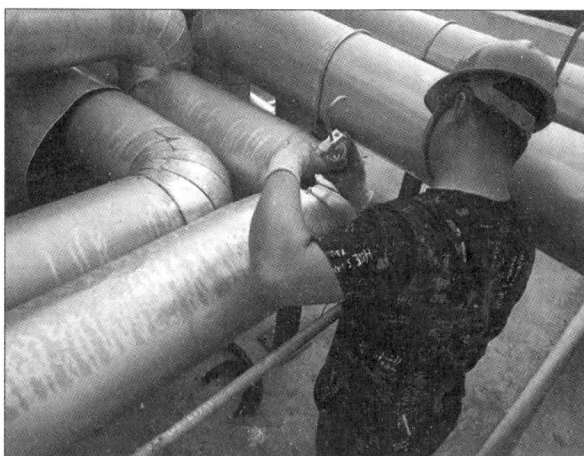

图5-16　对管线做不锈钢保护层

三、气相防锈

气相防锈是应用气相缓蚀剂技术进行腐蚀防护的一门科学。气相缓蚀剂是挥发性很高的物质，在常温下能够持续缓慢地气化，挥发出来的缓蚀气体吸附在裸露的金属表面，形成 1～2 个分子厚的稳定保护膜。该保护膜能有效地防止氧气、湿气等对金属的腐蚀，从而达到减缓腐蚀的目的。另外，气相缓蚀剂也是一种吸附性缓蚀剂，被保护的金属表面不需要除锈处理。图 5-17 所示为应用气相缓蚀剂技术进行腐蚀防护。

图 5-17　应用气相缓蚀剂技术进行腐蚀防护

活动三　防治虫害

商品在流通中需要在仓库中储存，防治仓库害虫是商品保管的一个重要组成部分。仓库害虫适应性强，食性广杂，繁殖能力强，活动隐蔽。商品中如果发现害虫但不及时处理，就会造成严重损失。

一、仓库害虫的来源

仓库害虫的来源主要包括：商品入库前已有害虫潜伏在商品之中；商品包装材料内隐藏了害虫；运输工具带来害虫；仓库内有害虫；仓库环境不够洁净，导致害虫滋生；邻近仓间、邻近货垛储存的生虫商品感染了没有生虫的仓间商品；储存地点的环境影响，如外来害虫侵入。

二、仓库害虫的防治

仓库害虫的防治主要有以下几种方法。

（一）物理技术杀虫

物理技术杀虫包括高频介质电热杀虫、气调杀虫、辐射杀虫和光源诱杀等。

1. 高频介质电热杀虫

高频介质电热杀虫是一种新的物理技术。其杀虫原理如下：将绝缘物质放在容器的金属片间，此种物质的分子受两个金属片间交流电场变化而摩擦产生介质电热。电压越高，电场越强，摩擦频率就越高，产生的热能就越多，在温度达到 $50℃$ 时只需 50 分钟，$60℃$ 时只需 10 分钟就可以将害虫全部杀死。此法杀虫效率较高。

2. 气调杀虫

气调杀虫技术的原理是通过降低杀虫空间内的氧含量，使害虫窒息死亡，是一种绿色环保的物理方法，具有普适性。通过充氮降氧的气调法，容器内氧的浓度会降到 1.0% 以下，最低可降至 0.1%。另外，也可充二氧化碳气体，效果同样显著。

3. 辐射杀虫

远红外线辐射和微波辐射是利用高科技产生的高温来杀虫灭菌的方法。这种方法还可以使储存的商品变干燥。

4. 光源诱杀

光源诱杀是根据多数昆虫具有趋光的特点，利用昆虫敏感的特定光谱范围的诱虫光源，诱集昆虫并利用高压电网或诱集袋、诱集箱及水盆等杀灭害虫，从而达到防治害虫的目的。这种方法主要适用于具有趋光性的有害生物，包括多种害虫，以蛾、蝶类食叶害虫为主。图 5-18 所示为绿色防控物理灭虫。

图5-18　绿色防控物理灭虫

（二）化学防治

化学防治是指应用化学药剂来防治虫害。其主要优点是作用快，效果好，使用方便，能在短期内消灭害虫。但是在具体实施时，要考虑害虫、药剂、环境和商品之间的关系。

1. 毒饵诱杀

毒饵诱杀是利用害虫的趋化性，在其所喜欢的食物中掺入适量毒剂来诱杀害虫的方法。

2. 熏蒸杀虫

熏蒸杀虫是在密闭的环境中，以毒剂挥发出来的有毒气体在空气中达到一定的浓度，通过害虫的呼吸系统进入内部组织引起中毒现象，使其经过一段时间后死亡的技术措施。熏蒸渗透强，杀虫广谱，保留低，但技术难度高。利用化学药品来储藏商品，如药品、食品等，首先要考虑药剂对害虫有害而不能影响药品、食品的质量安全，并且对人体无害。常用的熏蒸剂有硫酰氟、磷化铝等。

3. 生物防治

生物防治是一种利用物种之间的关系，通过一种生物体来抑制另外一种生物体的方法，包括传统的天敌利用和昆虫不育、昆虫激素、昆虫信息素及其他有益生物的利用等。它的最大优点是不污染环境，成本低，对人畜安全，害虫不易产生抗药性，是农药等非生物防治虫害方法所不能比的。

👤 活动四　商品防老化

老化是指高分子材料在加工、储存和使用过程中，由于受内外因素的综合作用，其性能逐渐变差，以致最后丧失使用价值的现象。发生老化的内在原因主要是结构或组织内部具有易引起老化的弱点，如具有不饱和双键、过氧化物、支链、羰基、末端上的羟基等；外在因素主要是光、热、氧、臭氧、水、机械应力、高能辐射、电、工业气体（如二氧化碳、硫化氢等）、海水、盐雾、霉菌、细菌、昆虫等。

老化是一种不可逆的变化，它是高分子材料的通病。延缓材料老化可以从以下两个方面入手。

一、内部防老化

防老化剂是一类能够防护和抑制光、热、氧、臭氧、重金属离子等外因对高分子材料产生破坏的物质。添加防老化剂可以改善材料的加工性能，延长材料的储存和使用寿命，方法简便而效果显著，是当前高分子材料防老化的主要途径。另外，要根据零件的使用环境条件，选择相应的耐老化材料。例如，对于室外使用的塑料制品，可选用聚碳酸酯、改性聚苯乙烯、有机玻璃、氟塑料等耐气候材料。

二、外部防老化

引起橡胶品老化的主要因素是太阳中的紫外线。因此，针对高分子材料，要选择合适的储存场所，避光避热，同时进行科学堆码，防"机械疲劳"老化，图 5-19 所示为塑料周转箱堆码；也可以采用金属喷涂、电镀、喷漆、涂防老剂溶液等物理方法进行防护。另外，水可以破坏高分子材料的结构，在湿热地区高分子材料更容易老化，所以在储存过程中要注意防水。

图 5-19　塑料周转箱堆码

任务描述

在和果农交谈的过程中，李凌又发现了一个问题：苹果丰收了，只有少量苹果去了太空，其他的苹果也不是一次性就可以售卖出去的，那么它们又在哪里，以怎样的方式保存，最终可以保存多久呢？

活动一　商品储存场所及设备

商品储存是指商品在一定时间内按一定方式处于流通过程的相对静止状态的存在形式，它是商品流通过程的必要环节。商品储存的场所一般称为仓库，仓储作业区是仓库的主体，是发展现代物流的基地，也是发展现代物流的硬件。存储设备是指仓库进行生产和辅助生产作业以及保证仓库及作业安全所必需的各种机械设备的总称。存储设备按照功能的不同，可分为货架设备、计量设备、商品保养和检验设备、消防设备和安全设备。

一、仓库的种类

仓库通常分为库房、货棚和货场三大类。

（一）库房

库房指专门用来储存商品的房屋，一般用于存放不能雨雪浸淋、风吹日晒，对保管条件要求较高的商品。库房又有以下不同的种类。

（1）按建筑形式，可分为室内仓库、多层仓库、地下仓库和高层仓库等。

（2）按库房的保管条件，可分为普通仓库、保温（冷冻冷藏、恒温）仓库、特种仓库、水上仓库等。

（3）按库房的功能，可分为储存仓库、流通仓库、配送中心和保税仓库。

（二）货棚

半封闭仓库俗称"货棚"，如图5-20所示。其特点是不需要配备养护设施，适用于存放惧怕雨雪但对温湿度要求不高且出入库频繁的商品。

货棚应防止雨雪渗透，两侧或四周必须有排水沟或管道。货棚内的地坪应该高于货棚外的地面，最好铺垫沙石并夯实，一般应该垫高30～40厘米。按封闭的程度，货棚

图5-20　货棚

又分为敞棚（四面无墙）、半敞棚（一面有墙）和有墙棚（三面有墙）。

（三）货场

货场一般是露天式仓库，如图5-21所示。货场多用于煤炭、砖瓦、沙石、原木、粗制瓷器、金属坯锭等商品的存放，其最大优点是装卸作业方便，但应对自然的能力差。露天堆垛场地应该坚实、平坦、干燥、无积水和杂草。货场多用围墙、铁丝网、篱笆或水沟隔离而成，具有投资少、建造快、花钱少、容量大等特点。

图5-21　货场

二、仓库总平面布置

仓库总平面一般可以划分为仓储作业区、辅助作业区和行政生活区。

（一）仓储作业区

仓储作业区是仓库的主体。仓库的主要业务和商品保管、检验、包装、分类、整理等都在这个区域里进行。仓储作业区的主要建筑物和构筑物包括库房、货棚、货场、站台，以及加工、整理、包装场所等。

（二）辅助作业区

辅助作业区内进行的活动是为主要业务提供的各项服务，如设备维修、加工制造、各种物料和机械的存放等。辅助作业区的主要建筑物包括维修加工以及动力车间、车库、物料库等。

（三）行政生活区

行政生活区由办公室和生活场所组成，具体包括办公楼、警卫室、化验室、宿舍和食堂等。行政生活区一般布置在仓库的主要出入口处并与仓储作业区保持一定距离，这样能避免非工作人员对仓库工作产生干扰，也能保证行政生活区的工作生活环境安静。图 5-22 所示为库区平面图。

总之，进行仓库总平面布置时应满足以下要求：方便仓库作业和商品储存安全；最大限度地利用空间；设置最短的运距，防止重复搬运、迂回运输和避免交通阻塞；充分利用仓库设施和机械设备，保证最少的装卸环节；符合安全保卫和消防工作要求。

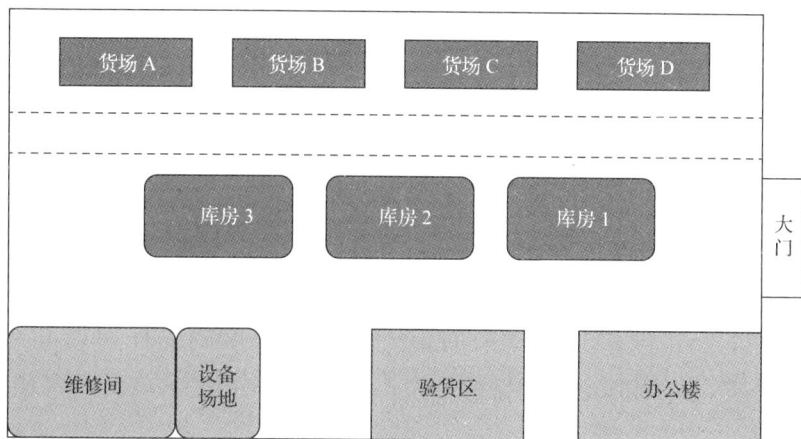

图 5-22　库区平面图

三、仓库设备

仓库设备按其用途和特征，可以分成装卸搬运设备、保管设备、计量设备、养护检验设备、通风保暖设备、消防安全设备、劳动防护设备等。在仓库设备的具体管理中，则应根据仓库规模的大小进行恰当的分类。

（一）装卸搬运设备

装卸搬运设备是指用来搬移、升降、装卸和短距离输送物料或货物的机械，主要用于商品的出入库、库内堆码及翻垛作业。装卸搬运设备是实现装卸搬运作业机械化的基础，是物流设备中重要的机械设备。图 5-23 所示为手动搬运物流叉车。这类设备对改进仓储管理、减轻劳动强度、提高收发货效率具有重要作用。我国仓库中所使用的装卸搬运设备通常用可以分成以下 3 类。

（1）装卸堆垛设备：桥式起重机、轮胎式起重机、门式起重机、叉车、堆垛机、滑车、跳板及滑板等。

（2）搬运传送设备：搬运车、皮带输送机、流水线、生产线、电梯及手推车等。

（3）成组搬运工具：托盘、周转箱等。

图5-23　手动搬运物流叉车

（二）保管设备

保管设备主要是保护仓库商品质量的设备。根据商品在库期间对其保管养护中所起的作用，保管设备可以分为以下几种。

1. 苫垫

苫垫具有遮挡雨水和隔潮、通风等作用。其主要包括苫布（见图 5-24）、苫席、枕木、石条等。苫布、苫席主要用在露天堆场。

图5-24　苫布

2. 存货用具

存货用具包括各种类型的货架、货橱。

（1）货架。货架即存放货物的敞开式格架，如图 5-25 所示。货架分为组合式和整体焊接式两种。后者的制造成本较高，不便于货架的组合变化，因此较少采用。货架在批发、零售量大的仓库，特别是立体仓库中具有很大的作用。它便于货物的进出，又能提高仓库容积利用率。

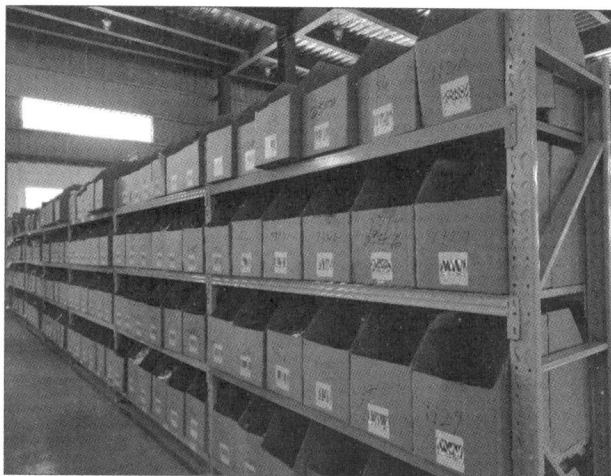

图5-25 货架

（2）货橱。货橱即存放货物的封闭式格架，主要用于存放比较贵重的或需要特别养护的商品。

（三）计量设备

计量设备是用于商品进出时的计量、点数，以及货存期间的盘点、检查等的设备，如地磅、轨道秤、电子秤、电子计数器、流量仪、皮带秤、天平仪及较原始的磅秤、卷尺等。随着仓储管理现代化水平的提高，现代化的自动计量设备将会更多地得到应用。

（四）养护检验设备

养护检验设备是指商品进入仓库验收和在库内保管测试、化验及防止商品变质、失效的机具、仪器，如温度仪、测潮仪、吸潮器、烘干箱、风幕（设在库门处，以降低内外温差）、空气调节器、商品质量化验仪器等。这类设备在规模较大的仓库中使用得较多。

（五）通风保暖设备

通风保暖设备主要根据商品储存和仓库作业的需要而设置。常见的通风保暖设备有除湿机、抽风机、联动开窗机、防爆灯、防护隔热帘等。

（六）消防安全设备

消防安全是仓储工作的重中之重。为了保障仓库的消防安全，必须根据储存商品的种类及性质配备相应的消防安全设备。常见的消防安全设备包括消防栓、消防管道、烟雾报警器、灭火器、防烟面具、防护服、报警器、消防车、手动抽水器、水枪、消防水源、砂土箱、消防云梯等。

（七）劳动防护设备

劳动防护设备是指劳动者在劳动过程中人身安全与健康的保护性装备。

活动二　商品出入库流程

为了保证商品的质量，防止商品损耗，在储存管理中应做好以下工作。

一、入库验收

入库验收主要包括数量验收、包装验收和商品质量验收 3 个方面。入库验收程序如下：一是先查大数，后看包装，见异拆验；二是核对单、货（商品的品名、编号、货号、规格、数量等方面）是否一致，逐项细心核对，保证单、货相符；三是认真检查商品的包装有无受潮、残破，内装商品质量是否完好，有无霉变、腐蚀、虫蛀、鼠咬和其他物理、化学变化发生，以便及时采取相应措施，确保在库商品的质量安全。

二、适当安排储存场所

各种商品性质不同，对储存场所的要求不同。因此，应根据储存商品的性质来选择合适的商品储存场所，以确保在库商品的质量安全。例如，怕热和易挥发的商品应选择比较阴凉和通风良好的仓库；怕冻的商品应选择保温性较好的仓库，并配备保温设施；怕潮易霉或易生锈的商品应存放在地势较高、比较干燥通风的库房；鲜活易腐商品应存放在低温库内；各种危险品应专库存放，符合防毒、防爆、防燃、防腐蚀的要求。同时要做到分区分类储存，科学存放，即品种分开，干湿分开，新陈分开，优劣分开。性质相抵和消防方法不同的商品，不可同库混放，以免互相影响，发生事故。

三、妥善进行商品堆码

商品堆码是指商品的堆放形式和方法。妥善堆码也是商品储存中的一项重要的技术工作。堆码应符合安全、方便、多储的原则。堆码形式要根据商品的种类、性能、数量和包装情况及库房高度、储存季节等条件决定。商品不同，堆码的方法也应有所不同。商品堆垛存放，要注意分区分类、货位编号、空底堆码、分层标量、零整分存，便于盘点和出入库。

四、商品的在库检查

商品质量在储存期间会不断发生变化，特别是在不利的环境因素的作用下，劣变的速度会加快，如不能被及时发现和处理，会造成严重损失。商品在库检查就是仓库保管人员定时或不定时地对代管商品进行查看和检验，了解商品的质量变化，及时加以防治养护，以保证商品质量完好的一项措施。

根据商品性质、包装状况、储存时间、储存环境、季节变化及保管条件等因素的不同，商品检查的方法也不尽相同。同时，要根据检查结果随时调节储存条件，减慢商品的劣变速度。检查方法以感观检查为主，充分利用检测设备，必要时进行理化检验。对检查中发现的问题应立即分析原因，采取相应的补救措施，以保证商品的安全。如果发现商品质量有严重变化，需及时报请主管部门，按有关规定妥善处理。同时，还要实施安全检查，对库房的消防设备状态、仪表设备运行情况及卫生状况进行认真检查，并做好防虫、防火、防霉等工作。

五、商品出库

商品出库是仓储业务的最后阶段，要求必须有业务部门开具齐备的提货单，填写出入库记录（见表 5-7），并认真验证核查，手续齐备，商品才能出库；对交付的商品，要认真对单核对，品种、规格、数量要准确，质量要完好，复核要仔细，不错、不漏，单货同行；商品的包装完整，标志准确、清晰，符合运输要求；对预约提货的商品，应及早备货；为了维护企业的经济利益，商品出库应符合先进先出、接近失效期先出、易坏先出的"先出"原则，及时发货，但不准变质失效的商品出库。表 5-8 所示为商品先进先出管理看板。

表5-7　出入库记录

年		摘要	规格	型号	单位	入库数量	出库数量	结存数量	联系人	备注
月	日									

表5-8　物品先进先出管理看板

商品名称	库位	进 ⟶ 出			
		批次号1	批次号2	批次号3	批次号4

📖 学以致用

常见商品的储存养护方法如表5-9所示。

表5-9　常见商品的储存养护方法

序号	商品名称	包装形式	储存特性	保管措施	备注
1	奶粉（例）	铁罐装	干燥、避光、通风处	1. 储存在洁净、干燥的库房中，避免阳光直射、暴晒，勿接近热源。 2. 适宜储存温度为10℃～15℃。 3. 可以和其他一般性商品储存在一起，但不得与有异味、含水量较大，以及施放杀虫剂的商品储存在一起。 4. 轻拿轻放，堆码牢固、不过高，包装印刷防水标志、向上标志，不得倒置	常温保存，避免阳光直射，保质期为12个月
2	巧克力				
3	鸡蛋				
4	橡胶轮胎				
5	大米				
6	冻肉				

📖 案例链接

科学储粮

安徽省宿州粮库改革传统储粮方法，大胆引进新技术，改用环保、科学储粮方法，全部消灭历年的陈化粮，在确保国家储备粮质量的同时节约了100多万元资金。

　　针对传统方法储粮造成的粮食陈化周期短，储存中药物使用量大影响粮食质量等弊端，宿州粮库改变了不发热、不生虫、不霉变、不短少的传统储粮标准，确立了低污染、低药量、保鲜度高的绿色环保储存目标，不断加大投入力度，改革传统储粮方法，大胆引用环保新技术，实行科学保粮。

　　近年来，宿州粮库通过不断增加环流熏蒸、机械通风等环保设施，先后改造陈旧简陋仓库 20 多幢，使 20 世纪 70 年代兴建的老仓库全部得以改造，新、老仓库均具备了科学保粮的基础条件，并在安徽省率先实行粮库低温、低氧"双低"储存技术。"双低"储存技术的使用使粮食储存周期由原来的 3 年延长至 5 年，保鲜能力提高 80%；仓库配置了谷物冷却机，使粮库温度由原来的 27℃下降到 16℃，实现低温储存；同时采用宽幅复合薄膜达到低氧，每年冬季实行两次机械通风，夏季进行复合膜压盖下的低温熏蒸。

✎ 如春在花

　　学生在学习仓储原理的基础上，应培养相关的职业能力和职业品质，树立工匠精神，将工匠精神中的"敬业、精益、专注"品质运用于未来的岗位中，大胆创新，为创出"中国制造""中国服务"的品牌做出贡献。

答疑解惑

　　针对"职场情境"中李凌提出的问题，解答如下。

　　宇航员吃到的新鲜水果是采用气调保鲜储藏技术来进行保存的。改变水果的储存环境，可以达到延长保鲜日期的目的。

项目实训

⚡ 任务背景

　　金秋九月，黄河滩边的"狗头枣"成熟了，红彤彤、亮晶晶的大枣挂满了枝头。连锁实训基地进行了一次助农活动，帮助黄河滩的枣农销售"狗头枣"，可是由于运输保鲜的问题，这些大枣走不出黄河滩，只能在周边城市销售。李凌想给这些"狗头枣"一些走出黄河滩的建议。

✖ 任务要求

　　结合所学知识，完成表 5-10。

表5-10 走出黄河滩的大枣

项目	内容
大枣在运输储存中的质量变化	
影响质量变化的因素	
大枣对储存环境的要求	
储存环境因素的控制要点	

💬 任务评价

	评价项目	得分
教师评价	能够较完整地罗列出计划实施需要解决的问题（40分）	
	能够有效地借助现有的渠道条件完成实训任务（20分）	
学生互评	对小组成果的贡献度（40分）	
合计		

温故知新

一、单选题

1. 以下变质现象中，不属于物理变化的现象是（　　）。
   A. 香水挥发　　　　　　　　B. 食盐溶解
   C. 蜡烛熔化　　　　　　　　D. 塑料制品变脆

2. 不属于商品化学变化的是（　　）。
   A. 锈蚀　　　　B. 分解　　　　C. 串味　　　　D. 老化

3. 某些化学性质不稳定的商品，在光、热、酸、碱及潮湿空气的影响下，会发生化学变化，由原来的一种物质生成两种或两种以上的新物质，这个过程叫作（　　）。
   A. 分解　　　　B. 水解　　　　C. 老化　　　　D. 化合

4. 食品低温储藏的温度范围一般是（　　）。
   A. -30℃～15℃　B. -16℃～-18℃　C. -5℃～0℃　　D. 0℃～5℃

5. 气调杀虫技术的原理是通过降低杀虫空间内的（　　）含量，使害虫窒息死亡。
   A. 氮气　　　　B. 二氧化碳　　C. 氧　　　　D. 气体

6. （　　）适用于存放惧怕雨雪但对温湿度要求不高且出入库频繁的商品。
   A. 库房　　　　B. 货棚　　　　C. 货场　　　　D. 货架

7. 商品入库验收不包括（　　　　）。

A. 温湿度验收　　　　　　　　B. 数量验收

C. 包装验收　　　　　　　　　D. 商品质量验收

8. 沸点低、易挥发商品应寄存在（　　　）的库房内。

A. 温度较低　　　B. 温度较高　　　C. 湿度较低　　　D. 湿度较高

二、多选题

1. 商品的质量变化主要分为（　　　　）。

A. 物理机械变化　　　　　　　B. 化学变化

C. 生理生化变化　　　　　　　D. 生物学变化

2. 影响商品质量变化的外因有（　　　　）。

A. 气体环境　　　　　　　　　B. 日光

C. 空气温度和湿度　　　　　　D. 微生物和仓库害虫

3. 容易发生霉腐的有（　　　　）。

A. 含糖较多的商品　　　　　　B. 含蛋白质较多的商品

C. 含其他有机物的商品　　　　D. 含纤维素较多的商品

4. 影响蔬果后熟作用的主要因素有（　　　　）。

A. 高温　　　　　　　　　　　B. 氧气

C. 某些刺激性气体　　　　　　D. 保持低温和适量通风

5. 仓库温度的控制包括（　　　　）。

A. 库温　　　　　　　　　　　B. 气温

C. 垛温　　　　　　　　　　　D. 商品的温度

6. 进行仓库总平面布置时应满足（　　　）要求。

A. 方便仓库作业和商品储存安全

B. 最大限度地利用空间

C. 设置最短的运距

D. 充分利用仓库设施和机械设备

E. 符合安全保卫和消防工作要求

7. 商品的在库检查主要包括（　　　　）。

A. 感观检查　　　　　　　　　B. 检测设备检查

C. 不定时检查　　　　　　　　D. 定时检查

三、判断题

1. 高分子材料老化，没有办法防治。（　　　）

2. 为了做好商品的保养工作，入库查收时就该对吸湿量大的商品进行含水量检测。（　　　）

3. 棉麻及丝织品如长期与日光接触，会发生变色现象，这种变化属于商

品的化学变化。（   ）

4. 金属制品在储存的过程中受湿润空气影响发生的电化学腐化称为水解。（   ）

5. 使用化学药剂防治虫害的时候不用考虑商品与环境的关系。（   ）

6. 有机物的呼吸作用没有氧气就不能进行。（   ）

7. 气调防霉腐是依据好氧微生物需氧代谢的特性，通过调节包装中的含氧量来抑制霉腐微生物的。（   ）

8. 相对湿度越大，表示空气越潮湿；相对湿度越小，表示空气越干燥。（   ）

9. 气相缓蚀剂是一种吸附性缓蚀剂，被保护的金属表面需要除锈处理。（   ）

10. 为了维护企业的经济利益，商品出库应符合先进先出、接近失效期先出、易坏先出的"先出"原则。（   ）

四、简答题

1. 列举至少5种防霉腐的方法。
2. 简述商品出入库流程。

项目六

新零售业态下的商品管理

职场情境

　　李凌通过前面的学习，对商品的相关概念和知识已经有了不少的了解，对知识的学习兴趣越来越浓厚。学校与企业一起组织连锁经营与管理专业的同学们开展了很多实践活动，有通过网店进行商品销售的，有去卖场进行商品销售的，李凌都报名参加了。如何在卖场里更好地销售商品？如何结合线上的方式销售商品？李凌开始了各项实践学习。

学习目标

知识目标

- 知道商品销售的基本知识。
- 可以说出商品陈列的概念、原则和方法。
- 知道全渠道商品销售的对策。
- 知道品类管理、商品组合的概念。
- 知道品类管理的流程。

能力目标

- 能够分析消费者心理活动与行为的关系。
- 可以根据品类管理的流程进行部分商品的品类管理。

素质目标

- 通过对商品销售知识的学习，培养对商品不同渠道销售的学习兴趣和职业能力。
- 通过对商品陈列知识和商品陈列技巧的学习，培养商品管理能力，提升职业素养。

思维导图

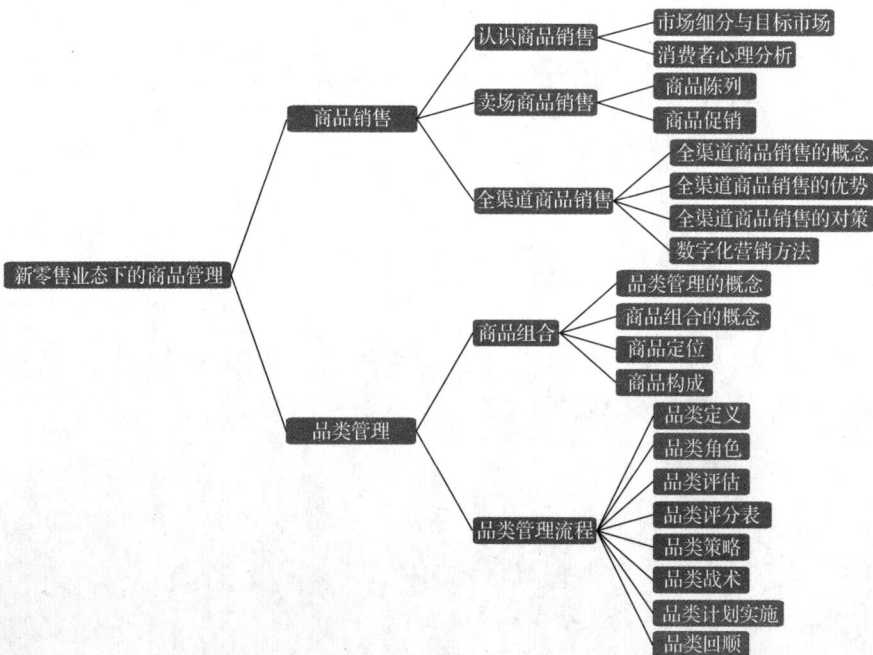

任务一　商品销售

任务描述

学校组织同学们到便利店门店进行实践学习。面对实践活动，李凌感到既兴奋又紧张。面对众多的商品，该如何更好地把商品销售出去呢？在卖场里，如何陈列商品并进行商品促销呢？可以通过哪些渠道销售商品呢？李凌带着这些问题，开始了新知识的学习。

活动一　认识商品销售

商品在市场中与消费者发生了接触，市场和消费者的情况就会对商品销售产生影响。

一、市场细分与目标市场

想要进行有针对性的商品销售，充分有效地了解市场和消费者是前提。只有细致地划分市场，明确锁定目标消费者，才能实施高效的商品销售。

（一）市场细分

1. 市场细分的概念

市场细分的概念是由市场营销学家温德尔·史密斯于 20 世纪 50 年代中期提出来的。市场细分是指销售者通过市场调研，依据消费者的需要和欲望、购买行为和购买习惯等方面的差异，把某一商品的市场整体划分为若干消费者群的市场分类过程。每一个消费者群就是一个细分市场，每一个细分市场都是具有类似需求倾向的消费者构成的群体。

2. 有效市场细分的条件

从专业的销售角度来看，无论是商品市场，还是消费者市场，市场细分都具有重要的意义。科技发展的速度日新月异，企业之间的竞争日趋激烈，人才的流动性不断增加，人们收入水平及受教育水平不断提高，都对细分市场有影响。有效的市场细分必须具备以下几个条件。

（1）可衡量性

可衡量性是指用来细分市场的标准和变数及细分后的市场是可以识别和衡量的，即有明显的区别，有合理的范围。如果某些细分变数或消费者的需求和特点很难衡量，细分市场后无法界定，难以描述，那么市场细分就失去了意义。一般来说，一些带有客观性的变数，如年龄、性别、收入、地理位置、民族等，都易于确定，并且有关的信息和统计数据也比较容易获得。

（2）可进入性

可进入性是指企业能够进入所选定的市场部分，能够进行有效的促销和分销。这实际上就是考虑营销活动的可行性。可进入性体现在两个方面：一是企业能够通过一定的广告媒体把商品的信息传递到该市场众多的消费者中；二是商品能够通过一定的销售渠道抵达该市场。

（3）可盈利性

可盈利性是指细分市场的规模要大到能够使企业获利的程度，使企业值得为它设计一套营销规划方案，以便顺利地实现营销目标，并且有可拓展的潜力，以保证按计划能获得理想的经济效益和社会服务效益。例如，一个普通大学的餐馆，如果专门开设一个西餐馆满足少数师生酷爱西餐的要求，可能会由于这个细分市场太小而得不偿失；但如果开设一个民族特色饭菜供应部，虽然其市场仍然很窄，但从细微处体现了民族政策，有较大的社会效益，值得去做。

（4）差异性

差异性是指细分市场在观念上能被区别，并对不同的营销组合因素和方案有不同的反应。当市场需求出现不同的情况时，就可以归类，把市场按差异进行细分。

（5）相对稳定性

相对稳定性是指细分后的市场有相对应的时间稳定。细分后的市场能否在一定时间内保持相对稳定，直接关系到企业生产营销的稳定性。特别是大中型企业以及投资周期长、转产慢的企业，更容易造成经营困难，严重影响企业的经营效益。

📋 经验之谈

在商品销售中要考虑服务属性，回归商品销售的本质，还要让消费者能够满意。所以在盈利的同时要充分考虑消费者的实际情况，以及销售地区的实际情况，要结合具体情况制定销售方案。

---

3. 市场细分的标准

影响消费者需求的因素都可以作为市场细分的标准，并可以按照地理细分、人口细分、心理细分和行为细分概括为4个方面，如表6-1所示。

表6-1　市场细分标准及细分因素

细分标准	细分因素
地理细分	地理位置、城市规模、地形、地貌、气候、交通状况、人口密度等
人口细分	年龄、性别、职业、收入、文化程度、家庭规模

续表

细分标准	细分因素
心理细分	生活方式、性格、购买动机、态度等
行为细分	购买时间、购买数量、购买频率、品牌忠诚度等

（1）地理细分

地理细分是指按照消费者所处的地理位置和地理环境进行市场细分。处在不同地理环境下的消费者，对于同一类商品往往会有不同的需求与偏好。地理因素是一个静态的因素，比较容易辨别和分析。例如，销售鞋子的企业，如果在我国南方，就要考虑鞋子的防潮、速干问题；而在我国北方，则可以通过宣传鞋子的御寒、防滑性能进行销售。

（2）人口细分

人口细分是指按照消费者的具体情况进行市场细分。人口细分有具体的数据支撑，比较容易辨别和分析。人口细分的因素包括消费者的年龄、性别、职业、收入、文化程度、家庭规模等。例如，保健品企业可以销售针对婴幼儿、青少年、中年和老年等年龄阶段的保健品。

（3）心理细分

心理细分是指按照消费者购买商品所要满足的心理需求进行市场划分。心理细分是比较难的分析对象，它包括消费者的生活方式、性格、购买动机等复杂因素，需要在销售时进行耐心仔细的个性化分析。例如，消费者买花可能基于装饰环境、个人喜好、庆祝节日、表达情感或缅怀祭奠等需求，企业在花卉销售时就应该根据不同的情况，选择不同的销售方式。

（4）行为细分

行为细分是按照消费者的购买时间、购买数量、购买频率、品牌忠诚度等因素进行的市场细分。行为细分也是较为复杂的分析对象，需要研究消费者行为才能进行相应销售。例如，商家在酷热的夏季大量投放空调广告，以有效增加销量。

📖 案例链接

××凉茶的市场细分

××凉茶作为凉茶始祖，有"药茶王"之称，但是知道的人不多，所以人们并不是因为它的悠久历史而购买它的。市场调查显示，消费者觉得"它好像是凉茶，又好像是饮料"，陷入认知混乱中，在2002年以前购买它时就不知道其核心竞争力到底在哪儿。所以，商家应根据消费者的需求来定位品牌。消费者把凉茶作为一种功能饮料，购买红罐凉茶的真实动机是用于"预防上火"。

由消费者的动机可知，凉茶适合在全国甚至全世界销售。由于传统文化的影响，消费者大多对"预防上火"有需求，再加上百年"药茶王"的金字招牌，××凉茶还有较大的潜力可挖。所以，商家应该把该凉茶由两广地区推向全国。

（二）目标市场

1. 目标市场的概念

目标市场是指在市场细分的基础上，企业决定要进入的细分市场。换句话说，目标市场就是通过市场细分后，企业准备以相应的商品或服务满足其需要的一个或几个子市场。

2. 目标市场的销售策略

为什么要选择目标市场？因为不是所有的子市场对本企业都有吸引力，任何企业都没有足够的人力资源和资金满足整个市场或追求过分大的目标。企业只有扬长避短，找到有利于发挥本企业现有人、财、物优势的目标市场，才不至于在庞大的市场中瞎撞乱碰。

（1）无差别性市场销售策略

无差别性市场销售策略就是把整个市场作为目标市场，只注重市场需求的共性，忽略细分市场间的需求差异，对所有的消费者只提供一种商品，采用单一的市场销售策略。

无差别性市场销售策略的优点在于它的低成本。单一商品可以产生相对的规模经营效益，储存和运输也都相对方便快捷，广告宣传、物流配送等资源配置都集中在一种商品上，有利于强化品牌形象。无差别性市场销售的成本经济性，就像制造上的"大量生产"与"标准化"一样。单一商品线可减少生产、存货和运输成本。单一商品的广告计划能使企业经由大量使用而获得媒体的价格折扣，不必进行市场细分所需的营销研究与规划，可降低营销研究的成本与管理费用。

但这种策略忽略了消费者需求的差异性，单一的商品想长期迎合所有消费者的需求是很难做到的。实行无差别性市场销售策略的企业一般针对整体市场，市场销售策略易被复制，市场份额也易被瓜分。

（2）差别性市场销售策略

差别性市场销售策略就是把整个市场细分为若干个子市场，针对不同的目标市场，设计相应的商品，制定不同的销售策略，满足不同消费者的需求。例如，部分服装企业按穿着习惯把女性消费者分成 3 种类型：时尚型、中性气质型、朴素型。时尚型女性喜欢把自己打扮得前卫时尚，引人注目；中性气质型女性喜欢打扮得超凡脱俗，卓尔不群；朴素型女性购买服装讲求经济实惠、价格适中。企业根据不同穿着习惯女性的不同偏好，有针对性地设计不同风格的服装，使商品对各类消费者均具有吸引力。

差别性市场销售策略可以使消费者的不同需求得到更好的满足，可以提供个性化、多品种的商品，针对性强，从而有利于扩大企业的市场占有率。同时，企业的商品投放到多个子市场，也降低了经营风险，一个目标市场的失败不会导致整个企业陷入困境。差别性市场销售策略提高了企业的竞争能力，企业一旦在几个子市场上获得成功，将有助于带动其他目标市场的发展，形成连带优势，从而提高商品的市场占有率。企业树立品牌形象，可以提高消费者对企业商品的信赖感和购买率。多样化的广告，多渠道的分销，多种市场调研费用、管理费用等，都是限制小企业进入的壁垒，所以，对于财力雄厚、技术强大、拥有高质量商品的企业来说，差别性市场销售策略是较好的选择。

同时，差别性市场销售策略有自身的局限性，最大的缺点就是销售成本过高，生产一般为小批量，目标市场多，会增加商品的设计、制造、管理、仓储和促销等方面的费用支出。同时，企业要面对多个目标市场，内部资源配置不能有效集中，会产生企业内部争夺资源的情况。这也是很多企业采用差别性市场销售策略后，市场占有率扩大了，销量增加了，利润却降低了的原因所在。

（3）集中性市场销售策略

集中性市场销售策略就是在子市场上，选择两个或少数几个子市场作为目标市场，针对目标市场的需求，实行专业化的商品生产和相对集中的销售，集中整合企业优势资源，在个别少数目标市场上充分发挥企业优势，打造企业品牌，提高市场占有率。

采用集中性市场销售策略，企业能集中内部优势资源，整合人力、物力、财力，打造优势商品。这有利于商品适销对路，降低商品成本，提高企业和商品的知名度。但是，集中性市场销售存在一定的经营风险。企业将重点打造的商品投放到个别目标市场后，毕竟投放目标市场范围小、商品的品种单一，如果目标市场消费者的需求和爱好发生变化，企业就可能因应变不及时而陷入困境。同时，当强有力的竞争者进入目标市场时，企业的商品销售额就会受到影响。

这3种目标市场销售策略各有优缺点。选择目标市场进行销售的时候，要全面考虑企业面临的各种因素和条件，如企业的规模、原料的供应、商品类似性、市场类似性、商品周期性、竞争的目标市场等。选择适合企业自身特点的目标市场营销策略是一个复杂多变的工作。企业内部在不断地优化，外部市场环境也在不断地发展变化，企业的经营者要不断地通过市场调查和预测，掌握和分析市场的变化趋势与竞争对手的条件，扬长避短，发挥优势，把握时机，采取灵活的适应市场态势的策略，以争取更大的利益。

二、消费者心理分析

消费者心理是指消费者在寻找、选择、购买、使用、评估和处置与自身相关的商品或服务时所发生的一切心理活动，以及由此推动的行为动作，包括消费者观察商品、搜集商品信息、选择商品品牌、决策购买、使用商品时的心理感受和心理体验、向生产经营单位提供信息反馈等。

（一）消费者心理特征

1. 优柔寡断型

优柔寡断型的消费者会对是否购买商品，或者到底是要购买哪种款式、购买哪个颜色、购买哪个品牌等问题一直犹豫不决，难以做出决策。

> **学以致用**
>
> 如果你是一名酸奶推销员，你如何向这类消费者推销酸奶呢？

2. 患得患失型

患得患失型的消费者对付出的和得到的总是会斤斤计较。患得患失源于人的心理本性，总是希望付出的越少，得到的越多越好。有患得型的消费者，也有患失型的消费者，还有两者兼有的消费者。患得患失型的消费者，其典型的心理是：买是想买，但是要考虑一下；买了以后，万一怎样了，就会如何如何。

> **学以致用**
>
> 如果你是一个护肤品推销员，你如何向这类消费者推销护肤品呢？

3. 讨价还价型

讨价还价型的消费者会把讨价还价当成一种习惯。这类消费者分为两种类型：贪小利型和不知足型。

4. 自负自大型

自负自大型的消费者常常会对销售人员的推荐置之不理，认为自己最了解自己需要什么。

5. 暴躁型

暴躁型的消费者通常不拘小节，不喜欢动脑，不喜欢勉强自己做不喜欢的事，喜欢凭感觉做事，比较容易得罪人。

6. 冷漠型

冷漠型的消费者对任何事情都漠不关心。冷漠型的消费者有 3 种类型：人冷型、事冷型和全冷型。

7. 理智型

理智型的消费者常常习惯于通过推理判断来决定是否购买商品。理智型的消费者有两种类型：个性型和利益型。

8. 直爽型

直爽型的消费者喜欢直来直往，在购买时很少会讳莫如深或与对方兜圈子，往往直奔主题。直爽型的消费者有两种类型：定性型和耳软型。

9. 随性型

随性型的消费者就是购买商品时很少过多考虑，完全根据自己的感觉来。随性型的消费者有两种类型：冲动型和冷静型。

10. 复合型

复合型的消费者就是兼有上述 9 种类型中的两种及两种以上的心理特征。复合型的消费者可以分为两类：双重性格型和多重性格型。

（1）双重性格型

在上述 9 种性格中，哪两种性格常常会融为一体呢？有 3 种组合：理智型＋自负自大型，直爽型＋随性型，优柔寡断型＋患得患失型。

（2）多重性格型

在上述 9 种性格中，哪 3 种性格常常会融为一体呢？有两种组合：优柔寡断型＋患得患失型＋讨价还价型，优柔寡断型＋患得患失型＋冷漠型。

（二）消费者动机与行为

动机指的是个体对自身需要的意识或体验，是个体一切行为的动力。

1. 消费者动机

在现实生活中，消费者受到某种刺激后，其内在的需要就被激活了，进而产生了一种不安的情绪。这种内在的不安情绪与可能解除生理缺乏的消费对象结合，演化成一种动力，即是消费动机的形成。对消费者而言，消费动机激发消费者的需要，推动消费者去寻找能满足自己需要的东西，采取购买、消费行为，从而使生理上的不安情绪得以消除。动机需要的关系可以这样理解：需要是个体生理或心理上的一种状态，一种对某方面需求的缺乏，可能是未被意识到的或漫无目的的，为产生具体的行为倾向和行为提供了可能性。

每个消费者的购买行为都是由他的购买动机所引发的。受消费者所生活的客观环境影响，消费者的各种需求可能不会同时全部获得满足。对于消费活动来讲，只有那些对于消费者来说主观意识强、占消费者生活主导地位当中的消费需要，才能够引发消费者的消费动机，促成消费者形成消费的想法，形成足够的购买动力，产生购买行为。在商品的销售当中，企业应当充分分析消费者心理与商品内在的价值，有的放矢地选择商品的销售策略。

2. 影响消费者购买动机的因素

影响消费者购买动机的因素有人口、文化、消费群体等。

（1）人口

人口因素对消费者购买动机的影响是比较明显的。生活在不同地区的消费者，由于气候、自然环境、经济水平、风俗习惯等因素的差异，对商品产生了不同的需要，进而形成了千差万别的购买动机。

消费者由于年龄的差异，对商品的需求也不同。在销售商品的过程当中，可以根据消费者的年龄阶段，把市场分为婴幼儿市场、儿童市场、少年市场、青年市场、中年市场、老年市场等。各年龄阶段的市场需求有其各自的特点。

> **学以致用**
>
> 婴幼儿市场对什么商品的需求量大？
>
> 中年市场对什么商品的需求量大？
>
> 老年市场对什么商品的需求量大？

消费者的性别差异也会带来消费需求的差异。一般来说，女性消费者为自身和家庭的购买需求比较大，更加青睐护肤品、化妆品和日常生活用品类的商品；而男性消费者则更加倾向于电子、智能科技类的商品。

（2）文化

文化程度会影响消费者对商品的选择和购买。文化程度与消费者的居住环境、职业情况、收入水平、消费习惯等方面有着十分密切的关系。文化程度相对较高的消费者对精神生活方面的商品需求量会比较大，同时，在购买商品时的理性程度也会相对较高。

审美偏好也会影响消费者的购买动机。其主要表现在对健康、环境、功能、形式等的追求上。消费者在市场当中对商品进行挑选、购买的过程，实际上就是一次审美活动。这个审美活动不仅是消费者的个体行为，也反映了时代、社会的基本审美观念和审美趋势。商品生产者和销售者应该把消费者对商品的评价进行系统的梳理和分析，不断提升商品的内在艺术标准，改进商品的外观与性能，更好地满足消费者对审美的需求，不断引发消费者的购买动机。

（3）消费群体

消费群体是影响消费者购买动机的群体因素。消费群体主要包括消费者的家庭、周围的亲朋好友，甚至是喜欢的知名人士等。

消费者最基本的群体是家庭，家庭对消费者的行为有着决定性影响。不同的家庭环境对消费者购买行为的影响是不同的。但是，不论是什么样的家庭，对于消费者的影响都会集中在购买决策上。消费者作为家庭中的一员，在购买决策的过程当中通常会扮演不同的角色：发动者、影响者、决策者、购买者或使用者。这5种角色对企业进行销售活动有着极大的作用。亲戚、朋友、同学、同事和邻居等会间接影响消费者的观念，也会影响消费者的购买动机。还有一些与消费者接触不密切或者根本无接触的，但是对消费者的购买动机也会产生一定影响的群体，如知名人士等。

📗 学以致用

在生活中，你有过受消费群体影响的情况吗？说说你印象比较深的一次经历。

📖 案例链接

××城控股——消费者研究助益项目发展

2020年，《××城控股中产美好生活图鉴》研究报告发布。研究覆盖全国16个城市，采集超1 500份核心样本，首次对中产人群"第一生活"进行创造性分析，通过6大维度描绘5类典型中产人群画像，并预测中产人群未来十大消费趋势。

该报告创新了从价值观到消费行为的链式分析，深入解读中产人群理想生活的内涵，围绕当代中产人群"精神世界""圈层需求""人群画像""消费趋势"4个方面进行详细剖析。

该报告为××城控股调整商品计划提供了有力支撑。研究成果助益北京某项目进行数据分析与针对性部署，使该项目开业达到95%的签约率、30%的全国与区域首进率和90%的开业率。

👤 活动二　卖场商品销售

一、商品陈列

（一）商品陈列的概念

商品陈列是指运用一定的方法和技巧，将商品进行合理的摆放和展示，以达到吸引消费者购买，提高商品销售量的一项经营管理工作。商品陈列可以影响消费者的购买动机、购买目的。商品陈列可以起到展示商品、刺激销售、方便购买、提升卖场感官效果、美化购物环境等作用。不同的陈列方法、不同的陈列侧重，对卖场商品的整体销售都会产生较大的影响。

（二）商品陈列的意义

卖场商品的摆设布置可以将商品的最佳效果向消费者充分展示出来，使消费者对商品产生良好的印象，可以有效提高商品的销量，提升企业的经济效益。所以，卖场里的商品陈列有着十分重要的意义。

1. 提升企业的整体形象

无论卖场所处的地理位置和卖场所占的面积如何，商品的陈列都能起到对卖场的装饰作用。同时，一个好的商品陈列会吸引更多的消费者。毋庸置疑的是，消费者会更喜欢光顾一个环境优美的卖场。好的商品陈设不仅会提升消费者对企业的好感，还有助于提升企业的整体形象，提升企业的经济效益。

2. 促进消费者消费

有时候，消费者进卖场不是为了直接购物，而是随便看看。企业通过有目的、有意识地设计商品陈列，让消费者在进入卖场后能够关注到这些商品，这在一定程度上起到了引导消费者消费的作用。好的商品陈列，实际上是对消费者的一种有效引导，对卖场商品的销量能够起到提升作用。

3. 便于消费者购买商品

井然有序的商品陈列、合理美观的卖场布局，使消费者在卖场中能够很容易地找到想买的商品。把消费者购买频率较高的商品摆放在容易看到、方便拿取的位置，能够提高消费者在卖场购物的效率，给消费者的购物带来愉悦感。久而久之，可以培养消费者到卖场购物的习惯。好的商品陈列可以提升消费者对企业品牌的忠诚度。

📖 **案例链接**

"传""礼"创新体验店设计

某饰品品牌对品牌重塑，提出"主题体验店"概念。采用"传""礼"主题进行店铺设计，"传"即传颂，以保险库为主题，加入"回转珠宝"概念，"礼"即礼赠，用礼物盒为主线，将首饰柜设计成礼物盒。此外，各体验店也会根据开店位置融入当地文化，依托场景、技术形成跨界共融的商业结构。

优良的空间设计已成为经济增长的一个重要因素。主题体验店作为品牌理念的起点和载体，旨在给消费者一个感受品牌文化的自由空间，促进品牌理念更加立体化和多元化，进而驱动珠宝零售转型。

（三）商品陈列的原则

卖场里商品陈列的目的是让顾客能够看到货架上的商品，最大限度地引起顾客的购买欲望，所以，商品陈列技术对于卖场是非常重要的。合理、规范的商品陈列要遵循以下几个原则。

1. 一目了然原则

超市卖场所采用的是以自助式为主的销售方式，所以应该是由商品本身来向顾客最大限度地展示自己、促销自己。对于卖场而言，商品陈列是最直接的销售手段，要做到让商品在货架上达到最佳的销售效果。因此，要使商品陈列成功吸引顾客的注意，就要做到以下几点。

（1）商品品名和贴有价格标签的商品正面要面向顾客。

（2）每一种商品都要避免被其他商品挡住视线。

（3）进口商品应贴有中文标识。

（4）商品价格标签应与商品相对应，位置恰当。

（5）商品标识要填写清楚，产地名称不得用简称，以免顾客看不清楚。

实践证明，卖场的商品价格标签位置对顾客挑选商品也会产生影响。因此，规范价格标签的位置就显得十分重要。同时，价格标签位置的规范化为收银员提高收银速度创造了条件。

2. 便于挑选原则

设计卖场货架上商品位置的时候，要注意商品外包装颜色搭配的艺术性，尽量使顾客感到舒适、醒目，可以恰当地运用色彩背景和灯光照明。例如，对于鲜肉、鲜鱼生鲜食品柜，灯光可以选择淡红色，以增加商品的新鲜感。对于需要强调的商品，可以用聚光灯加以特殊的照明，以突出其位置，引起顾客注意。卖场内要达到标准的照明度，使商品能清楚地展现在顾客面前。

商品陈列的方式要使顾客容易挑选。按适当的商品分类进行陈列，尽量不要给顾客混乱的感觉。商品价签、商品促销牌的摆放要正确，要明确显示商品的价格、规格、产地、用途等。尤其是特价陈列，要明确与原价的区别。必要时可向顾客提供简明的购物参考、购物指南、商品配置图等，使顾客进店后马上就能找到自己所需的商品。

商品陈列要使顾客有比较性的选择。同类商品的花样、颜色、尺寸有所不同，陈列时要便于顾客分清、挑选。同类不同品质的商品陈列也要便于顾客比较、选择。在某类商品脱销时，要及时向顾客推荐、展示代用品。

3. 便于取放原则

卖场中的商品陈列要便于顾客取放。顾客如果取放不方便，就会感觉到很失望，会大大降低购买商品的欲望。所以货架上陈列的商品要与上隔板有一定的距离，便于顾客的手能伸进去取放商品。这个距离要掌握得恰到好处，以顾客的手能伸进去为宜。距离太远了会影响货架的整体使用率，距离太近了会妨碍顾客拿取商品。

商品陈列还要考虑到顾客的身高。避免把商品放到顾客拿不到的位置。顾客费了很大的劲拿下来放在高处的商品，如果不满意，很难再把商品放回原处，这也会影响顾客的购买兴趣。

商品陈列要稳固，要排除倒塌的隐患，要给顾客安全感。一般一层货架只能摆放 1 ～ 2 摞商品。摆放得太高，一是不便于顾客取放，二是会有砸伤顾客的可能，不仅损失商品，还会破坏顾客的购买情绪，得不偿失。

4. 放满陈列原则

卖场里的商品要做到放满陈列，要给顾客营造一个商品丰富、品种齐全的直观印象。同时，这样也可以提高货架的储存功能，相应地减少卖场的库存量，加速商品的周转速度。有资料表明，放满陈列可平均提高 24% 的销售额。商品的放满陈列要做到以下几点。

（1）货架每一格陈列的畅销商品可少于 3 个品种，保证其量感；陈列的一般商品可多于 3 个品种，保证品种数量。

（2）按每平方米计算，平均要达到 11 ～ 12 个品种的陈列量。

（3）当畅销商品暂时缺货时，要采用销售频率高的商品来临时填补空缺商品的位置，但应注意商品的品种和结构之间关联性的配合。

（4）卖场经营者要对每种商品每天的时段销售量进行较准确的数据统计，尤其要考虑工作日与周六、周日的区别，注意及时增减商品数量。商品的陈列量要与商品的销售量协调一致，并根据商品的销售量确定每种商品的最低陈列量和最高陈列量，以免货架上"开天窗"和无计划地堆放商品。

（5）卖场里货架上商品的品种要丰富。商品品种丰富是销售额增加的主要原因之一。品种单调、货架空荡的卖场，顾客是不愿意进来的。超市的一个货架上每一层要陈列 3 ～ 4 个品种，便利店则要更多一些。

5. 整齐清洁原则

做好卖场中货架的清理、清扫，时刻保持货架的干净整齐，是商品陈列的基本工作。陈列的商品要整洁、干净，没有破损、污物、灰尘。对生鲜食品的内在质量及外部包装的要求应更加严格。不合格的商品要及时从货架上撤下。

商品的陈列要有感染力，要引起顾客的兴趣。要注意突出本地区主要顾客需求的商品品种、季节性商品品种、主题性商品品种，用各种各样的陈列方式，灵活运用平面的、立体的陈列方式，全方位展现商品，最大限度地运用录像、模型、宣传板等，使商品与顾客"对话"。

6. 前进陈列原则

当商品第一次在货架上陈列，随着时间的推移，商品会不断被销售出去。这时就需要进行商品的补充陈列。补充陈列要遵循前进陈列的原则来进行。

要将原先陈列的商品取下来，用干净的抹布擦干净货架。然后，将新补充的商品放在货架的后排，原先的商品放在前排。因为商品的销售是从前排开始的，为了保证商品生产的有效期，补充新商品必须从后排开始。

前排商品即将销售完毕，又未到补货时间时，就必须将后排的商品移至前排陈列，绝不允许出现前排空缺的现象，这就是要做到前进陈列的原则。如果不按照前进陈列的原则，那么后排的商品可能会一直卖不出去。卖场的食品是有保质期限的，采用先进先出的方法来进行商品补充陈列，可以在一定程度上保证顾客购买商品的新鲜度，这也是保护顾客利益的一个重要方面。

7. 传统陈列方法与现代陈列方法相结合原则

卖场经营者要注意针对具体情况处理好传统陈列方法与现代陈列方法相结合的问题。例如，有些卖场里存在对于鲜肉加工、包装程度不高，冷藏技术不成熟等问题，而顾客又喜爱购买鲜肉，因此，可以沿用传统的台式陈列法，或将鲜肉分割成不同大小的块状，由顾客自选，或将鲜肉整片陈列，顾客选中部位后由营业员切割再进行称重包装。

8. 保持新鲜感原则

卖场中采用多种不同的商品陈列方法，并定期变化，可以增强新鲜感、变化感。商品陈列是卖场销售的基础，运用得好，就会大大地提高卖场的销售量。资料表明，运用好商品陈列技术，销售量可在原有的基础上提高30%。

（四）商品陈列的基本类型

商品陈列按照观察角度可以有不同的基本类型。

1. 纵向陈列与横向陈列

纵向陈列是将同类商品从上到下陈列在一个或者一组货架上。纵向陈列能使系列商品体现出直线式的系列化，使顾客一目了然。

横向陈列是将同类商品按水平方向陈列。横向陈列会引导顾客在货架前往返走动，但是会影响同货架上、下层的商品销售效果。

2. 并列陈列与单独陈列

并列陈列就是将同类的商品并列摆放在一起。并列陈列的重点不是突出商品品牌，而是让顾客从商品价格、商品质量等方面对不同品牌的商品进行对比、选择。并列陈列适用于品质水准相似的商品，如日用消费品。

单独陈列是将同类的商品按统一标识进行陈列，如按花色、规格、品牌、式样等类型进行陈列。这种陈列方式突出了商品的特征，更加方便顾客选购。例如，在卖场中通常把家用电器、家用纺织品按品牌进行陈列，这就有效地突出了商品的品牌，更加方便顾客选购。

（五）商品陈列的方法

商品陈列的方法包括整齐陈列法、主题陈列法、端头陈列法、突出陈列法、悬挂陈列法、盘式陈列法和岛式陈列法。

1. 整齐陈列法

整齐陈列法是指按货架的尺寸，将商品整齐地码放，以突出商品量感的方法。陈列的商品是卖场想大量推销给顾客的商品及折扣率高的商品，或因季节需要顾客购买率高、购买量大的商品。

2. 主题陈列法

主题陈列法也叫专题陈列法，结合节日或者事件，集中陈列相关的系列商品，以渲染气氛、营造环境。

3. 端头陈列法

卖场中间陈列架的两头叫作端头，端头一般是顾客流量最大、往返频率最高的地方，是卖场里最能吸引顾客注意力的地方。端头一般用来陈列需要推荐给顾客的商品，如新商品、利润高的商品、特价商品等。

4. 突出陈列法

突出陈列法是指在卖场的中间陈列架的前面突出来一部分陈列特殊商品的方法。例如，在中间陈列架的前面做一个突出的台子，在上面码放商品，或者在中间陈列架下层的隔板上做一个突出的板子，把商品码放到板子上。这种陈列方法可以强化所陈列商品的地位，可以有效提高陈列商品的销售量。

5. 悬挂陈列法

悬挂陈列法是指将细长形状、扁平形状的商品悬挂起来的陈列方法。它能让顾客从不同的角度看到商品。

6. 盘式陈列法

盘式陈列法是指将包装纸箱上部剪去，将纸箱底部作为盘，以盘为单位码放商品的陈列方法。有些盘式陈列只在最上面一层做盘式陈列，下面的商品不打开包装，以便顾客整箱购买。

7. 岛式陈列法

岛式陈列法是指卖场中配置的以特殊陈列用的展台取代货架陈列商品的方法。常见的岛式陈列用具有直径较大的网状货筐、货柜，便于顾客从四面看到商品。

> 📖 **案例链接**
>
> **助力线下商超促销陈列数字化创新**
>
> 为促进商品销售、提高管理效率，针对促销中存在的人工规划跟踪难、千店千面差异大、规划执行脱节、关注不及时造成畅销品缺货等痛点问题，成功开展线下商超促销陈列数字化创新项目，以促销陈列来拉动各业务环节，实现了促销业务数字化。
>
> 促销资源位的数字化管理以及促销陈列与促销自动补货的打通，极大地减少了零供洽谈与结算等环节的沟通成本，提高了供应链的协作效率，每个促销档期人工效率提高了30%以上。同时，招商人员可以在后台查询促销资源的种类和数量、历史执行结果等情况，让商超与品牌商的沟通高效精准。根据资源位的历史销售和ROI（投资回报率）等数据，系统可以合理制定资源位定价策略，从而选择最合适的合作品牌。在促销陈列系统支持下，2020年在广告和商品销量方面均有增长。

二、商品促销

（一）商品促销的概念与作用

商品促销是指商家通过各种有效的方式向目标市场传递有关商家及其商品（品牌）的信息，以启发、推动或者创造目标市场对商家的商品或服务的需求，引起消费者购买欲望和购买行为的一系列综合性活动。

商品促销对于提高商品进入市场的速度、提高商品销售量、激励消费者形成消费习惯，以及带动相关商品的销售等方面都有积极作用。

1. 提高商品进入市场的速度

运用促销手段的目的在于对消费者提供短程激励。尤其是在新品上市的时候，消费者没有主动关注新品，商家需要通过一定的促销手段吸引消费者的注意力，在短期内有效调动消费者的购买积极性，激发消费者的兴趣和对商品的喜爱。

2. 提高商品销售量

运用促销手段可以改变某些消费者的消费习惯和品牌忠诚度。在商品促销阶段，商品的销售量往往会提高。

3. 激励消费者形成消费习惯

消费者对陌生的商品一般是有抗拒心理的。如果新商品的消费成本比原有商品高，消费者或许就不愿意购买新商品了。采用促销手段可以在一定程度上化解消费者的抗拒心理。消费者对新商品进行试用后，如果感到满意，就会产生继续购买的想法。促销手段可以使消费者的这种购买意愿变得稳固，使消费者形成消费习惯。所以商家可以通过制订一个较为完整的促销计划，促使消费群体基本固定下来。

4. 带动相关商品的销售

针对某种商品的促销不仅能直接提高该商品的销售量，还能带动相关商品的销售。例如，针对羽毛球球拍的促销可以带动羽毛球的销售，针对咖啡豆的促销可以带动咖啡壶的销售。

（二）商品促销策略

商品促销策略包括折扣让利促销、赠品促销等。

1. 折扣让利促销

折扣让利促销是指通过使用折扣券、商品特卖等方式，让消费者以低于商品标价的价格购买商品的促销方式。图6-1所示为折扣让利促销海报。

图6-1　折扣让利促销海报

例如，某空调品牌直接在卖场中打出夏季厂家直销让利促销广告。这种促销方式可以降低商品价格，让消费者得到最直接的实惠，能很好地吸引消费者购买。折扣让利促销能引起消费者购买商品的欲望，可能消费者来卖场前并不打算购买该商品，但是受到折扣让利促销的强烈吸引，会产生购买商品的欲望，可见折扣让利促销商品能够在一定程度上抵制同类新品的冲击。同时，折扣让利促销能够吸引购买过该商品的消费者再次低价购买，能有效提升消费者对商品的忠诚度。对于商家来说，折扣让利促销还可以有效减少库存，加速资金回笼，完成销售目标。但是，如果商家频繁地使用折扣让利促销，会让消费者对其产生折价习惯，不打折不买，反而会影响商品的销售量，长期如此也会损害商品的形象，使消费者对商品的忠诚度降低。

例如，鞋类商品在四季分明的地区有较为明显的季节性。在北京，夏季凉鞋非常畅销，在夏季快要结束时，商家应该马上采取折扣让利促销的方式销售凉鞋，刺激消费者购买，以增加凉鞋的销售量，清理库存。否则，积压的凉鞋会占用库存，如果在第二年销售则可能会因为款式过时而增加销售难度。

2. 赠品促销

赠品促销是指让消费者购买某种商品时，额外免费获得赠品的销售方式。需要注意的是，实施赠品促销时，要让消费者在购买商品时可以立即获得赠品，使消费者体验到购买所带来的乐趣和喜悦。图6-2所示为赠品促销。

图6-2　赠品促销

例如，在销售牛奶时采取买一赠一的方式，在销售方便面时可以赠送碗，在销售护肤品时可以赠送洗面奶，在销售洗发水时可以赠送护发素。赠品可以体现品牌，达到品牌宣传的作用。赠品也可以与销售商品具有相关性。消费者购买的一些商品，需要与其他物品搭配使用，商家可以将成本比较低的物品作为赠品，便于消费者配套使用。

👤 活动三　全渠道商品销售

一、全渠道商品销售的概念

全渠道商品销售是指企业不局限于传统的销售渠道模式，充分利用网络、手机等多种媒介，充分满足消费者的购买需求，采取实体渠道、电子商务渠道和移动电子商务渠道整合的方式销售商品或服务。总之，一切可以实现销售的渠道都可以包含于其中。全渠道商品销售与消费者的接触，是通过不同的渠道进行频繁沟通。实体渠道包括实体自营店、实体加盟店等；电子商务渠道包括自建官方B2C商城，进驻电子商务平台，如开设淘宝店、天猫店、京东店等；移动电子商务渠道包括自建官方手机商城、自建App、进驻移动电子商务平台等。

📖 **案例链接**

渠道创新与合作案例

2020年，××电影针对观影市场发生的新变化开展了一系列的全新业务模式的探索，开创"××影院＋"的跨界行业新玩法，携手外部平台流量，积极开展异业品牌合作，共创影业联合新商业模式。

××电影与重要渠道平台开展稳定、深度的跨界合作，推出"破冰计划"，累计销售额突破3 000万元；共同打造"金秋观影季"，活动共发布相关报道1 417篇，潜在覆盖受众23 856 254人次。

数字经济时代，流量驱动市场繁荣，从线上到线下，从渠道到平台，基于用户消费场景的多元融合、共享交互，××电影的系列活动为商业增值，也为品牌的跨界合作注入了更多可能。合作双方从用户体验，到场景流量，将共同构建一个富有活力的电影生活生态圈。

二、全渠道商品销售的优势

全渠道商品销售的优势包括企业与消费者实现全程接触、企业与消费者实现全面互动及企业全线开展商品销售等。

（一）企业与消费者实现全程接触

消费者在从最开始接触一个品牌到最后购买的过程中，通常有5个关键环节：搜寻、比较、下单、体验、分享。企业要在这些关键环节保持与消费者的全程、零距离接触。

（二）企业与消费者实现全面互动

企业可以跟踪和积累消费者购物全过程的数据，在这个过程中与消费者实时互动，掌握消费者在购买过程中的决策变化，给消费者个性化建议，提升消费者的购物体验。

（三）企业全线开展商品销售

渠道经历了从单渠道到多渠道的发展，到达了渠道全线覆盖即全渠道阶段。在全渠道阶段，企业可以通过线上线下多渠道全线开展多元化的商品销售。

三、全渠道商品销售的对策

全渠道商品销售的对策包括以下几个方面。

（一）不变的零售业本质

回顾零售业的发展历史，可以发现，无论是手工生产力、机器生产力，还是信息生产力，每次零售业变革都是为了更好地提供 3 个基本功能：售卖、娱乐和社交。集市贸易、百货商店、购物中心、步行商业街、网上商店、移动商店都是如此。这 3 个基本功能是零售业永远不变的本质。因此，无论是生产商还是零售商的零售渠道策略的选择，都必须突出零售业的本质。只不过，由于市场供求情境不同，商品品牌不同，所处行业的特征及定位不同，所以售卖、娱乐和社交这 3 个功能所占比例不同。例如，旅游、演出等以娱乐和社交功能为主，售卖为辅；超市和线上商城等以售卖为主，娱乐和社交为辅。对于顾客而言，娱乐有时比购买商品还要重要，人们常常购买许多从来没有用过的东西，却不后悔，究其原因是人们有时购买的是购买过程，是娱乐。约上朋友和家人一起去购物，也夹杂着社交的功能，这就是社交网站容易兼有零售功能的重要原因之一。根据不变的零售业本质，全渠道零售规划的核心就是选择品牌和店铺的定位，就是选择售卖、娱乐和社交这 3 个基本功能的实现比例和程度。

（二）不变的零售流构成

无论零售业发展到哪个阶段，零售业的本质不变，而零售业的本质是通过零售流实现的，零售流包括顾客流、信息流、资金流、物流和商店流，这也是永远不变的。离开了任何一个"流"，零售活动就会终止，因为这 5 个"流"是完成一次最简单交易的必备条件。在各种传统和现代零售渠道中，这 5 个"流"的数量构成都是不变的。换句话说，这 5 个"流"是与顾客直接接触的点，是顾客感知品牌和店牌形象定位的关键要素，因此实现零售业的本质，说到底是这 5 个"流"的规划和结构调整，以实现与定位相匹配的流程效率。不变的零售流构成如图 6-3 所示。

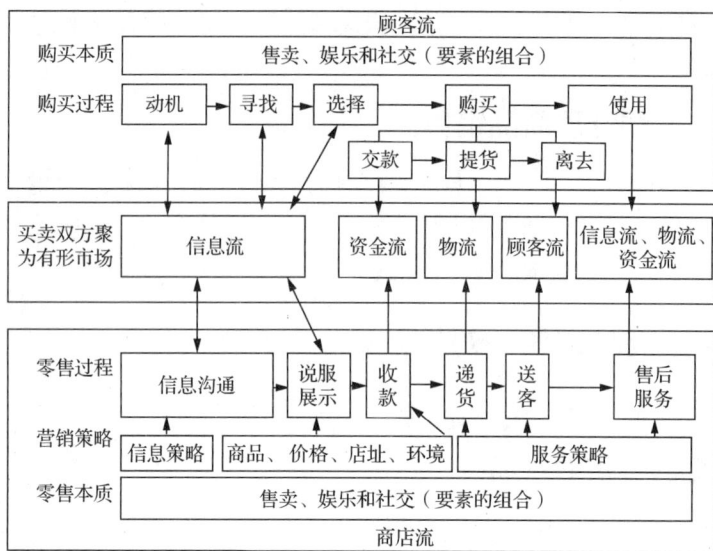

图6-3　不变的零售流构成

（三）巨变的零售流内容

实体店铺（有形店铺）大多是以商品的采购、运输、储存、陈列展示等为主要活动内容，即商品本身的移动成为零售业的现象形态，顾客也更加重视自己会得到什么商品。但是，随着互联网和移动技术的发展，现代零售业更多是以信息的采集、传递、加工、展示等为主要活动内容，即信息的移动成为零售业的现象形态，顾客也更加重视自己会得到什么信息，因为信息决定着商品质量和价格等他们关注的影响购买的重要因素，而商品的移动成为零售业的隐性行为。这种变化改变了零售流的内容，使零售业发生了革命性的变化，如图 6-4 所示。

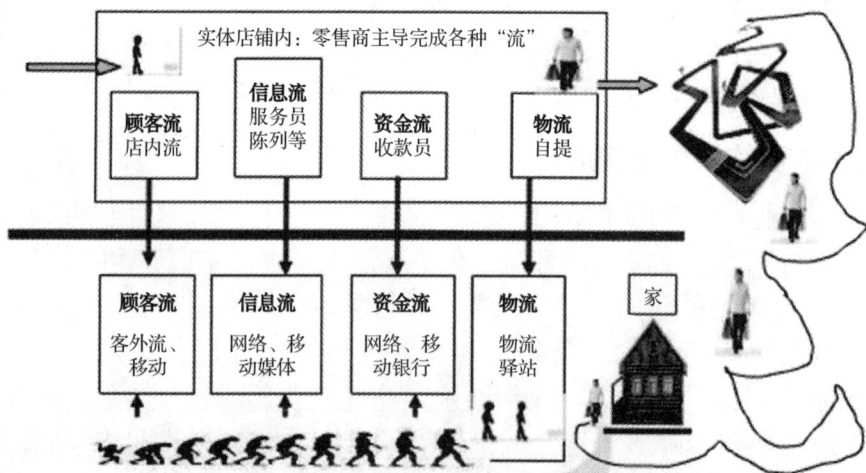

图6-4　巨变的零售流内容

1. 顾客流和商店流

在传统的商品销售情境下，商店在建设之前可以通过选址实现移动，但是建成后不能移动，只能固定在一个有限的空间之内，进入这个实体店铺内的顾客成为"客流"。

但是，在现代的商品销售情境下，商店店铺已经无形化以及二维化，手机商店还实现了移动化，顾客随时随地都可以完成购买行为。这说明，人们即使不进入有形店铺也可以成为"客流"，突破了原有的时间和空间限制。商店也随着顾客移动起来，无处不在。

2. 信息流

在传统的商品销售情境下，顾客尽管在逛店之前可能会了解一些商品信息，但是一般到实体商店后才能获得准确、真实和可信的商品信息。一项统计显示，40% ～ 50% 的购买额为冲动性购买。这意味着顾客现场看过、试过才会下决心完成购买，有价值的信息主要来源于实体商品。

在现代的商品销售情境下，由于信息传递路径日益丰富和多元化，顾客随时随地可以通过移动信息流寻找选择购买，使用顾客流购物、娱乐和社交，还可以通过社交网络了解朋友们对备选商品的评价。信息流由店内拓展至店外，由单向拓展至多向。

3. 资金流

在传统的商品销售情境下，顾客购买商品后，要在商店内完成付款，大多为现金付款和信用卡付款，通过付款后的小票提取商品，通常所说的"一手钱一手货"。

在现代的商品销售情境下，购买、付款和提货可以是分离的，一方面可以购买后实施货到付款，另一方面可以通过手机或网银付款，然后等待商家送货上门。付款过程可以通过信息传递来完成，因此随时随地都可以完成付款。

4. 物流

在传统的商品销售情境下，顾客一般采取商品自提的方式，即在有形店铺完成购买后，自己拿取商品并携带回家，可能要走很远的距离。

在现代的商品销售情境下，顾客一般不负责商品的长距离运输，随时随地完成购买和付款后，只要告知商家送货地址，商家会将商品在约定的时间送到顾客指定的地点或者顾客最便利拿取的物流驿站。

制造商和零售商面对零售流的巨大变化，必须进行适应性调整。第一，商店已由有形店铺向无形店铺转移，由三维立体空间向二维平面空间或虚拟空间发展，加之有形店铺的建设和租赁成本飞速上涨，大大抬高了商品零售价格，使本来就缺乏价格优势的有形店铺变得更加困难，因此需要慎重鼓励大型商业设施的建设，特别是大型城市商业综合体的建设，应该筹划无形店铺的发展与建设。第二，商品销售已由商品的传递向信息的传递转移，其零售专业化水准的体现不是商品管理而是信息管理，商品管理主要不是由零售商负责，而是由物流商负责，物流商成为与顾客直接接触的角色，因此要积极鼓励物流连锁驿站的发展和整合，同时根据物流配送的商品类别，形成贵重物品物流驿站、生鲜食品物流驿站等，就像今天有不同的零售业态一样。

制造商和零售商面对全渠道时代的来临，必须进行渠道功能的整合，即发挥各种零售渠道的优势，避开其劣势，形成新的多渠道零售的组合或整合模式。其具体对策如下。

（1）确定目标顾客的购买偏好或关注要素。

（2）重温商家品牌或店牌的营销定位。

（3）设计目标市场的购物程序或路径。

（4）列出全部备选的包括有形店铺和无形店铺在内的销售渠道。

（5）有形店铺内，零售商主导完成各种"流"。无形店铺内，零售商与媒体商、通信商、网商协同完成信息流，与移动银行协同完成资金流，与物流商协同完成物流。根据各销售渠道的特征、目标及顾客偏好，将渠道所需要完成的功能匹配至购物路径的每一个环节上。在关注数字化零售渠道的同时，绝不能忽视有形店铺的作用，它具有的一些优势仍然会长期存在下去，诸如可使顾客面对面地感知商品，享受到个性化的人员服务，体验到购物现场的气氛等。

（四）以顾客为中心打造全渠道商品销售

全渠道商品销售是新零售业态非常重要的标签。只是单纯地将销售渠道分为线上和线下是没有意义的。顾客本身是同时在线上和线下进行消费和体验的，所以商家要同时在线上和线下与顾客进行沟通。商家要及时转变观念，要从顾客的角度进行全渠道商品销售，把线上和线下销售有机结合起来，把顾客线上和线下的行为串联在一起，构建全渠道商品销售模式。

> 📖 **案例链接**
>
> **××集团整合线上线下资源，趣味＋权益驱动会员增长**
>
> ××集团在不断推进数字化转型的过程中，多方向尝试拉新手段，将H5小游戏与会员权益相结合，丰富会员活动，增加活动的可玩性和趣味性。
>
> 正值××集团成立18周年，为了避免市面中以"怀念"为主基调诠释"18岁"的同质化，××集团采用诙谐幽默的方式，选择以"猜猜我真假参半的18岁"为主题，坚持顾客至上的原则，通过让顾客可以完成出题、答题、看到自己参与的题目及好友的答题情况的方式，使顾客获得更好的参与体验，在顾客的好友圈进行深度交互。

为了让参与小游戏的会员有更好的体验，营销团队准备了 30 000 多张视频会员卡，以及集团旗下商场的微信代金券、商铺券；同时与集团旗下所有项目联动，在集团成立 18 周年活动的周末开启全天会员免费停车福利，邀请顾客与其一同庆生，希望能尽可能地将流量从线上转至线下。

在活动前期，营销团队还联合集团旗下各个项目进行了"你想对 18 岁的自己说什么？"街头采访活动，各项目在场内邀请顾客进行采访，为 ×× 集团成立 18 周年的系列活动进行整体预热。

"猜猜我真假参半的 18 岁"活动共有超过 26 万次浏览，其中新会员占 65%。活动一经上线，就创下工作日拉新会员数新高，对于参与游戏的会员，以抽奖赠送店铺代金券等的形式，完成了流量从线上转至线下的目标。活动期间，营销团队共拉新了 8 万多名会员，会员活跃度较去年同期上涨 80%。本次 H5 小游戏是 ×× 集团一次很成功的关于小程序拓展功能的尝试，让小程序也能够进行裂变拉新；先用有趣、好玩的活动吸引流量，再用顾客喜爱的福利进行二次传播。在赋能集团旗下购物中心的同时，获得了项目、商户、顾客等多方的广泛认可与欢迎，在品牌效益和投资回报上也取得了极好的成绩。

四、数字化营销方法

数字化营销方法包括 App 营销、搜索引擎营销、微信营销、视频营销与直播营销。

（一）App营销

App 营销是指商家通过智能手机、平板电脑等移动平台上运行的第三方应用程序进行商品的推广、传播和销售的一种营销方法。App 营销有助于促进企业品牌建设，丰富营销内容，提高营销精准度，方便消费者使用，提高消费者忠诚度，降低开发维护成本。

经验之谈

App 的数量及分类

截至 2021 年 12 月，国内市场上能监测到的 App 有 252 万款，较 2020 年 12 月减少 93 万款。游戏类 App 以 70.9 万款的数量位列第一。游戏、日常工具、音乐视频类 App 下载量居前三。截至 2021 年年底，我国第三方应用商店在架应用分发总量达到 21 072 亿次，同比增长 31%。其中，游戏类 App 的下载量居首位，达到 3 314 亿次；日常工具类、音乐视频类、社交通信类 App 下载量分别达 2 817 亿次、2 477 亿次和 2 449 亿次。

你在日常生活使用的 App 有哪些？它们便捷吗？

（二）搜索引擎营销

搜索引擎营销是指企业利用竞价排名、搜索引擎优化等方法和手段，在用户使用搜索引擎检索信息时，将企业的商品和活动信息排在前面，吸引用户注意，在用户点击链接后可以直接跳转到相关网站，让用户进行浏览和购买的一种营销方法。搜索引擎营销一般有 3 种方式：竞价排名、搜索引擎优化和站外链接优化。

搜索引擎营销传播较为广泛，便于用户主动查询，比较容易获取新客户，时效性较强，可实现较高程度的定位。

经验之谈

什么是搜索引擎

搜索引擎是指自动从互联网搜集信息，经过一定的整理以后，提供给用户进行查询的系统。互联网上的信息浩瀚万千，而且毫无秩序，所有的信息像汪洋上的一个个小岛，网页链接是这些小岛之间纵横交错的桥梁，而搜索引擎则为用户绘制一幅一目了然的信息地图，供用户随时查阅。搜索引擎从互联网提取各个网站的信息（以网页文字为主），建立起数据库，并检索与用户查询条件相匹配的记录，按一定的排列顺序返回结果。

（三）微信营销

微信营销是以微信用户及用户相关数据为依托的营销方法，也是以互联网和移动终端设备为基础的网络营销方法。与传统营销相比，微信营销使商家与消费者之间完全实现了"零距离"的交流，大大降低了营销成本。微信营销的便捷性、实时性、多样性和互动性等优势是传统营销所无法比拟的。

微信营销操作便捷性高，受众群体的覆盖面广，信息交流的互动性更加突出，形式更加丰富、灵活和多样化，未来移动端优势显著，企业宣传成本较低，通过数据的积累便于企业对消费者的消费行为进行分析。

经验之谈

什么是微信小程序

微信小程序是一种不用下载就能使用的应用，也是一项创新。微信小程序也是近年来我国 IT 行业里一个真正能够影响到普通程序员的创新成果。它正式上线，不到两年就已经有超过 150 万个开发者加入微信小程序的开发，共同发力推动微信小程序的发展。2018 年 11 月，腾讯透露，微信小程序应用数量超过了 100 万个，覆盖了 200 多个细分的行业，日活用户达到两亿人次。微信小程序还在许多城市实现了支持地铁、公交服务。微信小程序的发展带来更多的就业机会，2017 年小程序带动就业 104 万人，社会效应不断提升。

（四）视频营销

视频营销是指企业利用网络视频传播企业信息、商品信息，树立企业形象，从而达到宣传和营销目的的一种营销方法。

视频营销在社会化媒体时代更具传播价值，能有效提升消费者对品牌的认可度、忠诚度，营销的宣传成本较低。

（五）直播营销

直播营销是以直播平台为载体而开展的营销活动，可达到提高品牌形象或增加销量目的的一种网络营销方法。直播营销具有以下特点。

（1）直播营销可以进行全方位立体的宣传。

（2）直播营销可以有效消除企业与消费者之间的距离感。

（3）直播营销可以为消费者提供身临其境的场景化体验。

📖 经验之谈

直播营销的优势

直播营销是一种营销形式上的重要创新，也是非常能体现互联网视频特色的板块。直播营销具有以下几个方面的优势。

（1）某种意义上，在当下的语境中直播营销就是事件营销。除了本身的广告效应，直播内容的新闻效应往往更明显，引爆性也更强。相对而言，一个事件或者一个话题可以更轻松地进行传播和引起关注。

（2）直播营销能体现出用户群的精准性。在观看直播视频时，用户需要在一个特定的时间一同进入播放页面，但这其实与互联网视频所倡扬的"随时随地性"背道而驰。但是，这种播出时间上的限制也能够真正识别出并抓住这批具有忠诚度的精准目标人群。

（3）直播营销能够实现与用户的实时互动。相较于传统电视、互联网视频，直播的一大优势就是能够满足用户更为多元的需求。用户不仅可以观看直播，还能发弹幕表达自己的想法，甚至还能改变直播的进程。这种互动的真实性和立体性，也只有在直播的时候才能完全展现。

（4）直播可以实现深入沟通，情感共鸣。在碎片化的时代里，在去中心化的语境下，人们在日常生活中的交集越来越小，尤其是情感层面的交流越来越少。直播这种带有仪式感的内容播出形式，能让一批具有相同志趣的人聚集在一起，聚焦在共同的爱好上，相互感染情绪，达成情感气氛上的高位时刻。如果品牌能在这种氛围下做到恰到好处的助推，其营销效果一定也是四两拨千斤的。

任务二　品类管理

任务描述

李凌在卖场的实习表现受到了企业实践指导老师的好评。老师称赞李凌在商品管理实践中能够灵活运用所学的知识进行商品销售，达到了较好的销售业绩，所以推荐他到企业进行商品品类管理的实践学习。李凌很高兴，打算全心地投入新的实践学习。

活动一　商品组合

卖场在开业前会对商品结构进行详细的分析和规划，但是在后续的经营过程中还是会出现商品组合的问题。该问题的产生原因可能是前期的规划不合理，也可能是随着后期市场环境的不断变化，原有的商品组合不再符合消费者的需求。高效的商品组合就是对现有品类进行优化管理，从商家的角度看，就是商家对商品结构进行更新和维护的过程。

一、品类管理的概念

品类管理是零售商和供应商把所经营的商品分为不同的类别，并把各类商品作为企业经营战略的基本活动单位进行管理的一系列相关活动。它通过强调向消费者提供超值的商品或服务来提高企业的营运效果。

（一）单品

单品是商品分类中不能进一步细分的、完整独立的商品，是零售企业商品经营管理当中的最基本单位。例如，500毫升蜂花无硅油生姜洗发水，就是满足头发洗护要求的一个具体单品。货架上放着的20瓶500毫升蜂花无硅油生姜洗发水，可以说是20个单品的库存。

（二）品类

品类是易于区分、能够管理的一组商品或服务，消费者在满足自身需求时认为该组商品或服务是相关的或者是可以相互替代的。例如，所有满足消费者头发清洁和护理的一系列单品就组成了头发洗护品类，包括洗发、护发、染发、定型等商品。

（三）品类管理

品类管理是以消费者为中心，以品类为战略业务单元，以数据为依托，通过零售企业与生产企业的有效合作，发现并满足消费者的实际需求，从而提高业绩的商品管理流程。

品类管理的重点如下：品类管理需要供销多方进行合作，不是单独一方可以完成的；品类管理需要零售企业和生产企业共同推进，既可以提高彼此的利润和效率，又可以促进多方之间的合作关系；品类管理是一系列的流程工作，需要一套完整的计划，需要了解市场信息、消费者习惯，需要具备成本效益分析的能力。

二、商品组合的概念

商品组合又称商品经营结构，是指一个卖场经营的全部商品的结构，即各种商品线、商品项目和库存量的有机组成方式。简言之，企业经营的商品集合，即商品组合。商品组合一般由若干个商品系列组成。

三、商品定位

要想在竞争激烈的零售市场中脱颖而出，被消费者接受并乐于光顾，就要合理地规划商品定位。经营者必须确定商圈内的目标消费者，深入调查、了解消费者的消费习惯及消费变化趋势，使消费者的需求得到充分满足，并产生对于品牌的忠诚度，从而达到销售目的。

在追求最大利润组合的前提下，经营者要选择恰当的商品组合策略。商品定位差异策略是制定商品组合策略的关键所在。商品定位差异策略就是根据商品的特性定义商品的地位，使用适当的方法创造出零售企业最高的业绩。商品定位差异策略有如下几种方法。

（一）ABC法则

卖场中最畅销的商品不一定是利润最高的商品。对众多的商品进行分析，便可以发现一个规律：20%的单品贡献了80%的商业价值（销售量、销售额、利润）。也就是说，大部分的商品只带来了一小部分的经营价值，有些商品是在浪费卖场宝贵的货架空间、库存资源、现金流、人力资源等。ABC法则就是把商品分成 A、B、C 三类，也称为 ABC 分析法。

在商品管理中应用 ABC 分析法，就是对库存商品进行排队分类，根据各类商品的重要程度，投入不同的管理力度，采用不同的管理方式。A 类商品是重点商品，实施重点管理；B 类商品是非重点商品，实施一般管理；C 类商品是次要商品，可投入少量的管理力量。

在正常情况下，将累计销售额达到 50% 的商品划分为 A 类，将销售额达到 40% 的商品划为 B 类，将剩余的商品划为 C 类。商品 ABC 结构如图 6-5 所示。

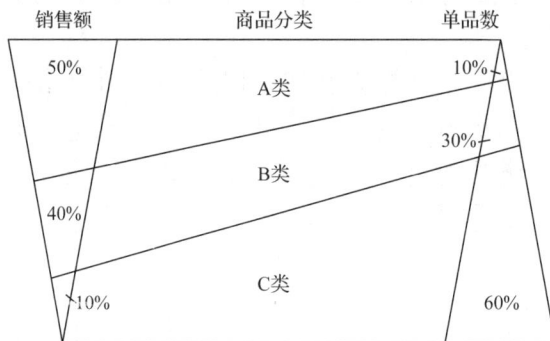

图6-5　商品ABC结构

（二）商品分类组合

商品分类组合是按照节日庆祝、销售周期、策略目标的不同来定义的商品组合。商品分类组合需要定位以下 3 种商品。

1. 集客品

这类商品是能够吸引消费者目光的商品，也就是消费者最爱购买的商品。集客品的目标在于吸引消费者的目光。

2. 策略品

随着时代的变迁和生活形态的变化，经营者要随时运用商品组合紧紧抓住消费者。具备发展潜力或未来有可能成为零售企业销售重点的商品均可列为策略品。

3. 重点品

重点品是指目前商品组合中获利的主力商品。因此，好卖又好赚的商品，以及好卖但是利润较低的商品都是重点品。在策略运用上，销售主力应当放在重点品上。也就是说，通过集客品成功吸引消费者的目光后，经营者要再以销售技巧让消费者购买重点品，才能确保利润。

（三）商品排行

对于经营者来说，最为重要的无疑是经营业绩。所以，判定哪种商品是能够为企业创造利润的商品的准则应该是贡献度，即商品销售的净利。因此，经营者应当依据商品所取得的净利来评定商品排行，依据商品排行结果重新调整商品中的集客品、策略品和重点品，及时对商品进行调整，设定整体利润最高的商品组合。在进行卖场商品排行时，经营者对于滞销品也不能忽略，滞销品会占用陈列空间，也会影响消费者购物的意愿，所以应注意及时淘汰滞销品。

四、商品构成

经营者根据商品销售分析和市场分析的结果，了解到消费者想购买的商品种类、品质及数量等后，可以据此调整商品的构成。卖场要尽量增加一个品种商品的规格和数量。如果同一品种商品的数量减少，那么经营的品种就要增加。经营者要采用各种各样的方法销售消费者所希望购买到的商品，以提升消费者需求的满意度。

（一）商品构成的内容

商品构成的内容包括主力商品、连带商品、辅助商品。

1. 主力商品

卖场中销售量占比高的商品就是主力商品。主力商品对于卖场的销售量至关重要。

2. 连带商品

如果每个卖场都陈列着同样的主力商品，卖场就会失去自己的特色。卖场必须经营与主力商品有联系的商品，以吸引更多的消费者来店购物。

3. 辅助商品

为了提高主力商品的销售量，卖场要经营辅助商品，以补充主力商品的不足。经营这些辅助商品可以增加消费者购物的频率，提高卖场的销售量。

（二）商品比例

1. 营业中：主力商品占 75%，连带商品占 15%，辅助商品占 15%。
2. 商品种类中：主力商品占 20%，连带商品占 40%，辅助商品占 40%。

（三）商品分类

经营者每个月都要对卖场中的商品进行统计，这在商品分类工作中是非常必要的。经营者按照品种进行商品统计时，可以看出卖场的主力商品与辅助商品的情况，要检查采购计划的实施情况，做到心中有数，并对卖场的经营计划进行调整和改进。

> 📖 **案例链接**
>
> ### 不同口味做组合
>
> ××品牌的几大系列商品几乎占据了国内的几大卖场，它推新品的组合模式简直是一种高效率、低成本的艺术行为。举个例子，薯片最开始只有3个口味，在口味销售出现不均衡的时候，××品牌顺势推出了口味组合礼盒包装，将3个口味包装在一起，或者将两盒卖得好的口味组合，同时搭配一盒销售一般的口味，再进行特价促销。在这种模式下，很多消费者认为自己占了便宜。实际上三合一做特价比单盒做特价的成本低，可保证系列品的均衡发展，并获得丰厚的利润。
>
> 此外，该品牌在推新品时，常常会利用自己的销售渠道花大心思做捆绑销售，再根据市场反馈决定如何定位。例如，将热卖的蜂蜜黄油薯片捆绑白色的清新芒果味薯条来销售。该品牌在我国市场上的经销商常常会利用完善的渠道迅速铺开市场，用捆绑搭赠吸引消费者。

> 📖 **案例链接**
>
> ### 竞品也可组合销售
>
> 饮料、牛奶等很多商品有淡旺季。例如，在春节前饮料的销售高峰期，经销商给下游客户群体推出了"买十箱饮料，赠一箱原品饮料，再送一箱年后二月份的牛奶"的进货券，这意味着下游的进货商以十箱的钱进了十一箱的饮料和一箱牛奶，获得了利润的最大化。
>
> 经销商看似比较吃亏，因为用很薄的利润销售了饮料还得白白搭出去一箱牛奶。但是，年后往往是食品行业的销售淡季，年前提前销售一箱牛奶，就能够保证经销商在二月份的牛奶销售量，经销商只是把应该在二月份进行的动销活动提前到了年前，比别人更快一步，不仅锁定了稳定的销售量，还将成本降至最低。不得不说，这是经销商做终端组合销售的一着妙棋。

👤 活动二　品类管理流程

品类管理不是目的，而是一个不断完善的过程。品类管理的流程包括8个步骤，即品类定义、品类角色、品类评估、品类评分表、品类策略、品类战术、品类计划实施和品类回顾，如图6-6所示。

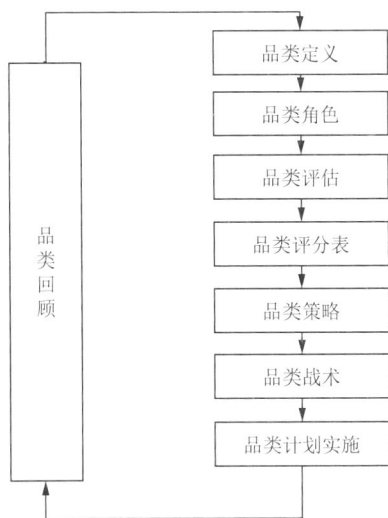

图 6-6　品类管理流程

品类管理是经销商和供货商全新的合作方式，是建立在相互信任基础上的协同合作，与传统的买卖关系有本质上的区别。经销商必须从简单的采购商品转变为售卖商品。供货商必须从以自身品牌为核心的经营理念转变为以品类为核心的经营理念。

一、品类定义

品类定义是指对品类的结构进行分类并描述，包括次品类、大分类、中分类和小分类等。品类定义通常以消费者需求为出发点，将杂乱无章的商品或服务进行归类，让它们按照经营商品的类别层次找到自己的归属，让每个商品或服务都"有家可归"。品类定义会随消费者购物习惯的变化而改变。例如，婴儿用品传统上分散于食品、服装、纸品等品类，后来为方便怀孕的妈妈或带孩子的妈妈购物，超市里就出现了婴儿街、宝宝屋等购物区域，所有的婴儿用品集中陈列，一个新的品类（婴儿用品品类）应运而生。

二、品类角色

经销商经营的商品成千上万，小分类也有好几百个。受营业场所、人员配置、资金等资源的限制，经销商不可能对所有品类给予平等的支持。那么，哪种品类该投入较多资源，哪种品类该投入较少资源呢？品类角色便是用于确定资源投放的衡量依据。品类角色的确定要充分考虑消费者的需求，反映消费者的购买行为，同时也要关注品类对供货商、市场及竞争对手的重要性。在描述时应将品类角色描述成一种期望的状态，目的是让它在品类经营中扮演这样的角色。

三、品类评估

品类评估是对品类现状的大检阅，是对品类机会的挖掘。充分的品类评估将促使企业的经营战略和营销活动得到全方位的改进，所以品类评估必须全面，不能只局限于销售量、利润等指标，还要考虑市场发展趋势、品类发展趋势、零售商品类相对于市场和竞争对手的表现、品类库存天数等因素。通常，品类评估应按照确定衡量指标、获取信息、信息分析、导出结论 4 个步骤进行。

四、品类评分表

品类评分表是一个综合性的平台，是衡量品类管理有效性和跟踪品类管理执行情况的重要工具，主要包括经销商和供货商双方共同关心的指标，如销售额、利润增长等。经销商拥有的机会不同，评分表指标也应不同。例如，有些经销商当前客流量较低，那么渗透率便成为其所关注的指标。但评分表指标不应太多，否则便没了重点。品类管理是一种科学系统的管理方法，而不是速效药，不可能指望它在短期内迅速解决各种问题。

五、品类策略

品类策略是企业实现品类评分表的方法，是为品类评分表服务的。品类策略的制定要做到因地制宜，根据企业的自身目标和特点，基于对消费者、竞争对手、市场的分析来制定。常用的品类策略有提高客单价、增加客流量、提升利润、强化形象等。

六、品类战术

品类战术是为实现品类策略以达到目标所采用的具体操作方法，主要包括 4 个方面，即商品组合、商品陈列、商品定价、商品促销，也有人将供应链管理加入作为第 5 个方面。这些具体操作方法应该由品类策略导出，因为简单地凭经验决定很可能会适得其反。例如，营业额下降时，大部分经销商会找一个单品来做促销，但营业额下降的真正原因可能是消费者来店消费的次数少了。那么该段时间的品类策略就应该是强化品类的形象宣传或优化商品组合。盲目促销很可能会白白浪费资源。

七、品类计划实施

品类管理最重要的一步是品类计划实施。前面的步骤靠几个人就可以完成，但这一步需要采购、营运、后勤、财务等部门的有效协作。执行好的项目，品类管理的作用会很快显现；执行差的项目，品类管理会因为执行走样而受到挫折。

八、品类回顾

品类回顾是品类管理流程的最后一步，也是为开启下一轮品类管理做好铺垫的重要环节。品类回顾一方面要评估目标的达成率，另一方面要为下一次的品类评估提供借鉴，进而调整品类评分表、品类策略和品类战术，完成新一轮品类管理。应每个月跟进实施情况、追踪品类表现，每3个月对品类进行一次全面的评估。

📖**案例链接**

品类战术——高效的商品组合

重庆新世纪拥有百货店、大卖场、超市和小型超市等多种业态。近两年，其消费者忠诚度连续下降，客单价比竞争对手普遍偏低。面对这样的生意机会，重庆新世纪和宝洁公司开展洗化品类的品类管理合作，以提升消费者的购物体验，带来营业额新的增长，其主要策略和办法有研究消费者、品类管理战术、有效选品和有效货架陈列，以及店内设计。

品类战术是品类管理步骤中真正落地的环节，品类管理的优劣往往通过品类战术在落地层面的实施效果的好坏得以体现。品类定义决定了品类管理范围，不同的品类角色决定了不同的品类策略，不同的品类策略决定了不同的品类战术运用。针对不同的品类角色，品类策略运用不同的品类战术进行管理。品类战术的使用将改变消费者对该品类的消费经历，同时影响品类的业绩和门店的形象。

答疑解惑

针对"职场情境"中李凌提出的问题，解答如下。

要想在卖场中更好地销售商品，可以从卖场所处的地区、人口结构、购买能力等方面进行调研与分析，合理地进行商品组合。精心设计商品陈列的方式，积极应用促销策略，进行高效的商品管理，积极应对可能出现的问题，可以有效提高商品的销售额和卖场利润。采用多种渠道开展线上销售，App营销、借助电子商务平台或进行直播营销。

不论是卖场商品销售还是线上商品销售，都要注意合理运用营销的策略，研究消费者心理。只有这样，才能更好地开展营销活动。

项目实训

🔀 任务背景

李凌结束了企业实践，由于他在实践中表现出色，教师决定由他来担任学校连锁经营与管理专业实训基地便利店实训项目的项目经理。

🔧 任务要求

以项目组的形式进行项目实践，针对校园便利店的实际情况，设计商品陈列、制定商品组合，实施"迎新年"商品促销计划，并填写表6-2。

表6-2　校园便利店"迎新年"商品促销计划实施

"迎新年"商品促销计划实施	可能需要解决的问题
商品陈列	
商品组合	
商品促销计划（线上线下结合）	

💬 任务评价

	评价项目	得分
教师评价	能够较完整地罗列出计划实施需要解决的问题（40分）	
	能够有效地借助现有的渠道条件完成实训任务（20分）	
学生互评	对小组成果的贡献度（40分）	
合计		

温故知新

一、单选题

1. （　　）就是通过市场细分后，企业准备以相应的商品或服务满足其需要的一个或几个子市场。

　　A. 细分市场　　B. 商品定位　　C. 目标市场　　D. 行为细分

2. 采用（　　），企业能集中内部优势资源，整合人力、物力、财力，打造优势商品。

　　A. 集中性市场销售策略　　　　　　B. 差别性市场销售策略

C. 无差别性市场销售策略　　　　　D. 经常性销售策略

3. 以下属于复合型消费者双重性格型的是（　　　）。

A. 理智型与冷漠型　　　　　　　　B. 直爽型与随性型

C. 理智型与直爽型　　　　　　　　D. 优柔寡断型与冷漠型

4. 商家通过各种有效的方式向目标市场传递有关商家及其商品（品牌）的信息，以启发、推动或者创造目标市场对商家的商品或服务的需求，引起消费者购买欲望和购买行为的一系列综合性活动叫作（　　　）。

A. 商品销售　　　B. 集中销售　　　C. 商品管理　　　D. 商品促销

5. （　　　）是指企业利用网络视频传播企业信息、商品信息，树立企业形象，从而达到宣传和营销目的的一种营销方法。

A. 微信营销　　　B. 直播营销　　　C. 视频营销　　　D. App营销

二、多选题

1. 有效的市场细分必须具备的条件包括（　　　）。

A. 可衡量性　　　B. 可进入性　　　C. 可操作性

D. 可盈利性　　　E. 差异性　　　　F. 相对稳定性

2. 市场细分的标准包括（　　　）。

A. 地理细分　　　B. 人口细分　　　C. 心理细分　　　D. 行为细分

3. 影响消费者购买动机的因素有（　　　）。

A. 人口　　　　　B. 文化　　　　　C. 消费群体　　　D. 地理位置

4. 商品陈列可以影响消费者的（　　　）。

A. 购买动机　　　B. 购买数量　　　C. 购买目的　　　D. 购买时间

5. 商品陈列可以起到展示商品、（　　　）、美化购物环境等作用。

A. 提升影响　　　　　　　　　　　B. 刺激销售

C. 方便购买　　　　　　　　　　　D. 提升卖场感官效果

6. 商品陈列的方法包括（　　　）。

A. 整齐陈列法　　　　　　　　　　B. 两端陈列法

C. 主题陈列法　　　　　　　　　　D. 悬挂陈列法

7. App营销有助于（　　　）。

A. 促进企业品牌建设　　　　　　　B. 丰富营销内容

C. 方便消费者使用　　　　　　　　D. 提高消费者忠诚度

E. 降低开发维护成本　　　　　　　F. 提高营销精准度

8. 搜索引擎营销的方式一般有（　　　）。

A. 竞价排名　　　　　　　　　　　B. 站内链接优化

C. 搜索引擎优化　　　　　　　　　D. 站外链接优化

三、判断题

1. 行为细分是按照消费者的购买时间、购买数量、购买频率、品牌忠诚度等因素进行的市场细分。（　　）

2. 无差别性市场销售策略就是把整个市场细分为若干个子市场，针对不同的目标市场，设计相应的商品，制定不同的销售策略，满足不同消费者的需求。（　　）

3. 不同的陈列方法，对卖场商品的整体销售产生的影响十分有限。（　　）

4. 商品标识中的产地名称可以使用简称。（　　）

5. 折扣让利促销是指通过使用折扣券、商品特卖等方式，让消费者以低于商品标价的价格购买商品的促销方式。（　　）

6. 零售流包括顾客流、信息流、资金流、物流和商店流。（　　）

7. 在现代的商品销售情境下，购买、付款和提货是不可以分离的。（　　）

8. 搜索引擎营销传播较为广泛，便于用户主动查询，比较容易获取新客户，时效性较强，可实现较高程度的定位。（　　）

四、简答题

1. 什么是市场细分？

2. 什么是无差别性市场销售策略？

3. 消费者心理特征包括哪些？

4. 商品陈列的意义有哪些？

5. 商品陈列的基本原则包括哪些？

6. 商品促销的作用有哪些？

7. 什么是全渠道商品销售？

8. 直播营销的特点有哪些？

9. 什么是品类管理？

10. 品类管理的流程包括哪些步骤？